互动导向对服务创新绩效的影响机制研究

杨艳玲 著

中国财经出版传媒集团
中国财政经济出版社

图书在版编目（CIP）数据

互动导向对服务创新绩效的影响机制研究／杨艳玲著．－－北京：中国财政经济出版社，2020.4
ISBN 978－7－5095－9711－8

Ⅰ.①互… Ⅱ.①杨… Ⅲ.①服务业－企业绩效－研究 Ⅳ.①F719.1

中国版本图书馆 CIP 数据核字（2020）第 040685 号

责任编辑：彭　波　　　　责任印制：史大鹏
封面设计：卜建辰　　　　责任校对：张　凡

中国财政经济出版社 出版

URL：http：//www.cfeph.cn
E－mail：cfeph@cfemg.cn

（版权所有　翻印必究）

社址：北京市海淀区阜成路甲 28 号　邮政编码：100142
营销中心电话：010－88191537
北京财经印刷厂印装　各地新华书店经销
710×1000 毫米　16 开　11 印张　150 000 字
2020 年 4 月第 1 版　2020 年 4 月北京第 1 次印刷
定价：68.00 元
ISBN 978－7－5095－9711－8
（图书出现印装问题，本社负责调换）
本社质量投诉电话：010－88190744
打击盗版举报热线：010－88191661　QQ：2242791300

本专著获得

"教育部人文社会科学研究青年基金项目"（20YJCZH209）资助

"中国博士后科学基金"（2019M662435）资助

"山东师范大学博士后科研启动资金"资助

"山东师范大学青年科技项目培育基金"资助

"山东师范大学青年教师科研项目（人文社会科学类）"资助

前　　言

　　网络经济的迅速发展和社交媒体的广泛使用，极大地推动了服务业的变革性发展：以信息技术为支撑的电子服务逐渐取代传统的物理服务而居于主导地位，网络营销逐渐取代传统的市场营销而成为最具魅力的营销工具，服务主导逻辑逐渐取代产品主导逻辑而成为新的创新范式，服务创新面临新的机遇和挑战。有别于以"人际交互"为主导的物理服务的不可储存性，以"人机交互"为主导的电子服务过程变得"有迹可循"，虚拟网络中大量的浏览痕迹和聊天记录等推动了大数据的形成与发展，为企业信息管理系统的构建提供了极大便利。企业应该如何收集外部信息，又如何吸收这些信息，以及如何用以开展服务创新以改善企业绩效等问题目前尚未得到充分解答。在新时代背景下，企业迫切需要新营销理念的指导。

　　近年来，Ramani 和 Kumar 提出了互动导向理论。该理论不仅将顾客放在重要的战略位置上，体现了价值共创的思想，而且提出基于个体层面对顾客进行价值管理的具体策略，契合了网络经济的时代要求，为以上问题的解决提供了新的视角和思路。目前已有学者研究显示，在互动导向指导下，良好的交流与互动有利于提高顾客满意度，特别是对于体验式营销来说，有助于提高基于顾客的创新绩效、关系绩效和盈利绩效。另外，通过顾客授权等方式积极利用顾客智慧，还有助于提高企业的创新意愿和创新能力。不过，现有相关研究尚局限于理论分析阶段，且对于互动导向理论体系的构建还不够完善。已展开的少数实证研究也多以制造企业为例，且局限于对一般性企业绩效作用机制的分析，而缺乏服务企业样本，以及针对互动导向与服务创新绩效关系的深入挖掘。因此，本书选取254家服务企业进行实证分析，遵循"导向→能力/行为→绩效"的研究范式，基于互动导向这一新的视角，并将吸收能力和主动改善共同作为中介变量纳入其中，构建一个复合式多重中介模型进行结构方程模型分析，深入探索互动导向对服务创新绩效的影响与作用机制。研究结果表明，互动导向对吸收能力、主动改善和服务创新绩效均具有直接正向影响；吸收能力对服务创新绩效不具有直接正向影响；主动改善对服务创新绩效具有直接正向影响；吸收能力对主动改善具有直接正向影响；吸收能力和主动改善共同在互动导向与服务创新绩效之间发挥部分中介作用。

　　本书主要创新之处在于：第一，结合服务经济的时代背景、大数据环境和价值共创模式对互动导向理论进行了深入剖析，丰富了市场营销理论；第二，基于互动导向这一新视角对服务创新展开研究，并验证了互动导向可以通过多种途径对服务创新绩效产生积极影响，为顾客参与影响服务创新的内在机制问题提供了新的视角和思路；第三，将互动导向、吸收能力、主动改善和服务创新绩效四者统一在一个研究框架中，构建一个复合式多重中介模型进行结构方程模型

前　言

分析，结果显示吸收能力与主动改善共同在互动导向与服务创新绩效的关系之中发挥着复杂的部分中介作用，进一步明确了互动导向对服务创新绩效的影响路径和作用机制，促进了互动导向、吸收能力与主动改善理论的证实与推广；第四，结合研究结果进行讨论，为新时代背景下的企业服务创新提供有益的理论参考与实践借鉴。

作　者

2020 年 6 月

目　　录

第 1 章　引言 ·· 1

1.1　研究背景 ·· 2
1.2　研究问题 ·· 8
1.3　研究内容与研究框架 ·· 12
1.4　研究方法与技术路线 ·· 14
1.5　研究创新之处 ·· 15
本章小结 ·· 16

第 2 章　理论基础和文献综述 ··· 17

2.1　理论基础 ·· 18
2.2　服务创新文献综述 ··· 28
2.3　互动导向文献综述 ··· 40
2.4　吸收能力文献综述 ··· 46
2.5　主动改善文献综述 ··· 54
本章小结 ·· 58

第 3 章　研究假设 ··· 59

3.1　互动导向对服务创新绩效的影响 ··· 60
3.2　互动导向对吸收能力的影响 ··· 63

3.3 吸收能力对服务创新绩效的影响 …………………… 65
3.4 吸收能力在互动导向与服务创新绩效之间的作用 …… 67
3.5 互动导向对主动改善的影响 ………………………… 69
3.6 主动改善对服务创新绩效的影响 …………………… 70
3.7 主动改善在互动导向与服务创新绩效之间的作用 …… 72
3.8 吸收能力对主动改善的影响 ………………………… 73
本章小结 ……………………………………………………… 76

第 4 章 研究方法 …………………………………………… 77
4.1 问卷设计 …………………………………………… 78
4.2 变量测量 …………………………………………… 81
4.3 数据收集 …………………………………………… 85
本章小结 ……………………………………………………… 91

第 5 章 数据分析和假设检验 ……………………………… 93
5.1 数据整理 …………………………………………… 94
5.2 数据初步分析 ……………………………………… 95
5.3 验证性因子分析 …………………………………… 104
5.4 假设检验 …………………………………………… 117
本章小结 ……………………………………………………… 124

第 6 章 总结 ………………………………………………… 125
6.1 研究结果和讨论 …………………………………… 126
6.2 研究意义 …………………………………………… 128
6.3 研究不足与展望 …………………………………… 134

参考文献 ……………………………………………………… 137

互动导向对服务
创新绩效的影响
机制研究
Chapter 1

第1章 引 言

本章首先对服务创新的现实背景和理论背景进行简要介绍，指出新时代背景下企业进行服务创新面临的机遇和挑战，以及目前服务创新理论研究的空白点，引出本书的研究问题，然后围绕研究主题设计相关研究内容与研究框架、研究方法与技术路线，最后指出研究的创新之处。本部分内容的主要作用在于梳理本书的研究思路，形成对研究的初步认识。

1.1 研究背景

1.1.1 实践背景

进入21世纪以来，随着市场经济的进一步发展成熟，企业竞争进入白热化阶段，为了获取市场竞争优势，企业纷纷大力开展各种形式的服务创新。同时，科技的发展，特别是互联网技术的变革对企业服务创新提出了新的机遇和挑战：

第一，全球经济中制造业与服务业相融合的趋势日益明显，越来越多的制造企业迅速地卷入和参与到提供服务的竞争之中，纷纷将企业战略重点从产品制造转向客户服务，开始像苹果公司那样，将产品作为传递服务的载体，通过提供解决方案的形式来满足顾客需求[1]，例如，通用、惠普和IBM等跨国企业的主要利润来源皆开始由产品销售向服务提供转变，其中，通用电气75%的利润来自服务，IBM也从其硬件服务（租赁、维修和软件开发）中获取了33%的利润。另外，在制造企业工作的员工有65%~76%是在从事研发、维修和设计等服务工作。商品经济开始转向服务经济①，服务创新越来越受

---

① 服务经济是指服务经济产值在GDP中的相对比重超过60%的一种经济状态，或者说，服务经济是指服务经济中的就业人数在整个国民经济就业人数中的相对比重超过60%的一种经济态势。

第1章 引 言

到企业关注,日益成为企业赢得市场竞争优势的重要战略选择[2]。

第二,信息技术的发展和"互联网+"思维的推广,催生出众多新兴业态,如"传统书店+互联网=网上书城""传统集市+互联网=淘宝商城""传统银行+互联网=支付宝"等。电子商务迅速发展并开始进入快速扩张和创新的新阶段,日益成为拉动消费需求、变革传统产业和发展现代企业的重要引擎[3]。互联网凭借强大的营销功能和低廉的营销成本,将企业、组织、团体及个人跨越时空障碍联结在一起,成为新时代最具魅力的营销工具,特别是那些智能化和互动性强的社会化媒体,如在线社区、微博、微信等,尤其受到企业青睐,网络营销迅速成为企业新宠,涌现出病毒式营销、社交媒体营销、体验式营销和O2O(Online to Offline)立体营销等一大批新的营销方式[4][5],而新的营销模式不论是对企业的市场营销还是服务创新都提出了巨大挑战[6]。

第三,不同于传统市场营销中为顾客提供物理服务时面对面的人际交互,网络营销情景中为顾客提供的主要是电子服务,是依托虚拟网络进行的人机交互,技术成为服务接触中除顾客和服务人员外的第三大核心要素[7,8]。因此,网络营销对企业的信息化水平建设提出更高要求:其一,不同于传统物理服务的不可储存性,电子服务过程中所产生的数据(如顾客在线评价和浏览信息等)具有一定的存储性,而且这些数据多为半结构化和非结构化数据且存储方式各异,对企业的吸收能力提出更高要求;其二,网络营销中产生大量营销数据,特别是随着云计算、物联网等先进数据处理技术的广泛应用,数据呈现出爆发式的增长态势,大数据环境逐渐形成[9],海量的数据亟待得到及时有效的专业化处理;其三,电子服务的人机交互性特别要求企业构建与顾客良好的网络交互系统,如提高界面友好性、易用性、安全性、响应度和接触度等,从而吸引和维护更多的忠诚顾客[10]。

第四,服务的不可分离性决定了服务过程中的顾客参与性,因此服务创新具有鲜明的顾客导向性，不过，相较于以往，如今在服务创新过程中顾客参与也有了"量"与"质"的变化：一方面，智能手机、移动电脑等电子设备的高度普及和信息网络的广泛覆盖，为顾客参与服务创新提供了更加便捷的条件和宽松的环境，使得企业与顾客间的交流更加频繁和深入，顾客在服务创新过程中的卷入度进一步增强[11]；另一方面，随着企业管理实践的发展和价值共创理论的推广，顾客的个性化需求日益被激活，主人翁意识逐渐增强，开始改变以往服务过程中被动接受的姿态，积极主动地表达自己的价值主张，贡献出自己的知识、想法和体验等，不仅是新服务的购买者和使用者，还是新服务开发中的资源提供者和共同生产者[12]，与企业进行价值共创，也平等地与企业分享价值创新的成果[13][14]，在服务创新过程中逐渐占据重要的战略地位[15]。综上所述，顾客在服务创新中的地位和作用日益受到重视，因此如何激励顾客更加积极地参与到服务创新过程中来，如何与顾客进行良好的互动，又如何对顾客进行管理以实现价值共创等也成为企业亟待解决的问题。

第五，特别是对于我国企业来说，一方面，我国众多产业仍处在转型升级的关键时期，面对经济全球化进程中众多实力强大的跨国企业的冲击和挑战，如何充分借助现代信息技术对传统产业进行升级和变革，积极发挥"后发优势"，促进产业结构的调整和经济发展模式的转变，将对我国经济发展产生重大影响；另一方面，我国网民规模日益庞大，如今又面临5G时代到来的契机，能否积极利用互联网技术，大力开展关系营销、体验式营销和整合营销等多种形式的网络营销，将对企业的可持续发展产生决定性影响。目前我国的服务经济水平发展虽然相对落后，但同时也意味着我国服务经济具有巨大的发展潜力和增长空间，因此，积极发展服务经济将成为中国实现经济转型升级的最佳突破领域，努力开展服务创新将成为中国企业获取核心竞争力和培养可持续发展力的重要战略选择。

综上所述，面对服务经济时代的到来、大数据环境的形成和价值

第 1 章 引 言

共创理念的发展等,企业应如何开展有效的市场营销以促进服务创新、如何激励顾客参与并对顾客进行管理、如何进行大数据挖掘以把握市场商业机会、如何与顾客互动以实现价值共创等一系列问题亟待解决,以往占据市场营销主导地位的市场导向开始变得力不从心,企业迫切需要新营销理念的指导。

1.1.2 理论背景

服务创新研究始于 19 世纪 70 年代末,在这一时期,制造业被认为是推动经济发展的主要动力,服务业则处于从属地位,所以服务创新研究的价值和意义并没有受到重视,因此最初的研究主要在一些服务企业或制造企业中的服务部门展开,学者们主要基于技术导向视角或同化视角(assimilation approach)对服务创新展开研究,特别关注技术在服务创新中的作用[16],研究方法也局限于对实物产品创新的简单模仿和机械借鉴,即将实物产品创新中的相关理论与方法参考应用于服务创新研究中[17,18];至 20 世纪 80 年代,随着发达国家陆续进入后工业化时代,传统制造业出现停滞,新兴产业逐渐成为经济增长的热点,服务业得到迅速发展,服务创新也越来越受到重视,学者们开始认识到服务创新与产品创新的差异性,逐渐对服务的特征及服务创新的属性有了更加深入的了解,认为服务业创新比制造业创新具有更加广泛的内涵,并且与顾客具有很强的互动性,服务导向视角或差异视角(demarcation approach)逐渐形成,学者们开始基于服务本身的特性来研究服务创新,构建了更具柔性的服务创新研究模型,相关研究方法也随着运营管理领域学者的加入和实证研究方法的推广而逐渐科学[19,20];20 世纪 90 年代以来,在经济全球化进程中,制造业呈现出与服务业融合的趋势,学者们开始基于整合视角,又称为综合视角(synthesis approach)对服务创新展开研究,他们认识到不应过于强调服务创新的特点而忽视服务业创新与制造业创新的共性,如两者在创新倾向性、目标及障碍、信息来源等方面是具有许多共同点的，因此应将制造业服务创新与服务业服务创新的特征相结合展开综合研究[21]。特别是近年来，服务主导逻辑理论得到迅速发展，指出"一切经济皆是服务经济"，即服务是一切经济交换的根本基础，产品只是提供和传递服务的物质载体，因此研究者无须再拘泥于对产品和服务的区分，而是应将研究重点放在如何尽快恢复经济交换的本质——以服务交换服务[14,22]。至此，结束了持久的产品与服务之争，越来越多的学者将服务看作是无形的能力与有形的产品的统一体，基于综合的视角对其展开研究[23]。

服务主导逻辑理论不仅指出了"服务是一切经济交换的根本基础"，还提出了"顾客是价值的共同创造者"，这是服务的本质特征使然：服务的不可分离性特征使服务创新具有鲜明的顾客导向性，顾客成为服务创新中不可或缺的重要因素之一[24]，也是服务经济发展的必然：在激烈的市场竞争中，谁能更好地掌握顾客需求并有效满足，谁便能够在市场竞争中占据优势[25]。因此顾客在服务创新中的作用日益受到重视[26]，顾客参与服务创新（简称为：顾客参与）逐渐成为服务创新研究中的热点之一[27]。目前已有研究证明，顾客参与有利于降低服务创新过程中的不确定性[28]、缩短服务创新周期[29]、提高新服务质量[30]和促进新服务的市场推广等[31]，然而现有研究更多基于理论层面阐述和强调顾客参与对服务创新的重要性和积极影响，对于如何激励顾客参与、如何与顾客互动[27]，又如何在互动中实现价值共创[32]等内在机制问题却缺乏深入的探索，而显然后者的相关研究更具有理论和实践指导意义，将是未来研究的一个重要方向。

美国营销科学研究所（Marketing Science Institute，MSI）是美国市场营销研究组织中的代表单位，通过对当时一段时期营销科学领域的主流与热点问题的研究和评价，该组织每两年便会认定一批优先资助的研究课题进行公布。笔者将近年来该研究所优先资助的研究课题汇总于表1-1中。

表1-1 美国营销科学研究院（MSI）优先资助研究课题汇总（2000~2016年）

	2000~2002年	2002~2004年	2004~2006年	2006~2008年	2008~2010年	2010~2012年	2012~2014年	2014~2016年
电子商务、互联网影响		市场营销评价指标与营销绩效测评	市场营销评价指标	供应链合作与顾客联系技术	营销支出回报率计算与会计筹划	识别利润增长的机会	理解顾客角色	理解顾客与顾客体验
市场营销评价指标与营销绩效		品牌与品牌建设	营销研究工具	营销战略	理解顾客行为	理解顾客体验与行为	重复购买	数据丰富环境中的营销分析
品牌化		顾客管理	管理顾客	营销绩效	探寻顾客内心需求新方法	提升以顾客为中心的营销能力	关注用户体验	衡量与传递营销活动价值
客户关系管理		企业增长，创新与新产品	营销作用	顾客管理	营销战略	识别创新机会	移动平台	发展卓越的营销组织
信息收集与使用		了解顾客	品牌权益	品牌资产	新的营销媒体	通过媒体与渠道提升价值	顾客信任	利用数字社会/移动新技术
新产品开发与创新		市场营销评价的作用与指标	企业增长	营销执行		品牌管理	大数据	创建持久的顾客价值
沟通		营销信息的收集、分析和使用		营销研究工具		营销活动管理	营销组织与功能	整合营销
组织流程与结构		整合营销与沟通				研究工具和新数据资源		产品、服务和市场运营
战略与竞争		营销渠道						全球市场运营
联盟、关系、合作、渠道		营销与社会利益						识别消费者与顾客的差异
顾客导向		定价、捆绑与促销						与顾客建立最优的社会契约

资料来源：依据MSI官方网站整理（http://www.msi.org/）。

如表 1-1 所示，自 2000 年起 MSI 便陆续提出了电子商务和互联网影响、顾客管理、新营销媒体等市场营销研究热点，并在最新公布的《2014~2016 年优先资助研究领域》中提出了大数据（big data）、移动营销（mobile marketing）、社会媒体投资回报（social media RoI）和卓越营销组织（organizing for marketing excellence）四个未来最热门的研究领域。紧接着，MSI 在 2014 年 7 月 31 日以"丰富的数据环境中的市场营销分析"（Developing Marketing Analytics for a Data-Rich Environment）为议题召开会议，深入讨论了信息时代中大数据背景下企业如何分析和利用海量数据，以便更好地理解顾客需求并提出改善对策，从而更加有效开展市场营销的问题。由此可见，"关注和了解顾客及顾客体验""关注大数据和对数据的处理""使用新的营销工具"和"建立卓越的营销组织"等已成为当前企业展开市场营销的重要战略问题，能够体现或符合以上研究主题的营销理念将会对企业营销发展产生重要的指导意义。

1.2 研究问题

鉴于顾客需求差异化的增加和企业盈利的压力，在借助于信息技术发展的基础上，Ramani 和 Kumar[15]提出了互动导向（Interaction Orientation, IO）理论。互动导向是指："通过与个体层面的顾客进行互动，从中获取信息，以建立长期的、能为企业带来盈利的顾客关系的能力"，包含顾客观念（customer concept）、互动响应能力（interaction response capacity）、顾客授权（customer empowerment）和顾客价值管理（customer value management）四个维度。目前已有学者研究表明：实施互动导向有利于提高企业的创新意愿和创新能力[33]，能够促进企业的探索性创新和开发性创新[34]，对基于顾客的创新绩效[35]、关系绩效和盈利绩效均具有积极影响[15]。

第1章 引　言

通过对互动导向理论的深入分析发现，相较于以往占据市场营销主导地位的市场导向来说，互动导向更加符合服务经济发展的时代要求，具有以下几个突出特点：

第一，市场导向以细分市场为市场营销的对象，收集的是行业信息，对细分市场内部顾客之间的差异缺乏考虑，而互动导向强调基于个体层面对市场进行细分，收集的是每一位顾客详细的交易信息，显然，这种"精细"的信息更容易被企业吸收和利用，从而有助于企业明确顾客间的需求差异，更加有效地为企业决策提供参考和借鉴。正如Ramani和Kumar所说："企业仍需要从整体上对市场进行把握，但是那些成功地与个体顾客进行互动的企业将会在未来的竞争中表现出差异化"。

第二，市场导向虽然也提出要遵循顾客导向，强调关注顾客需求，并通过为顾客提供持续的超额价值而获取其满意和忠诚，但在实质上，遵循市场导向的企业执行的仍然是生产者逻辑，顾客在价值创造中的地位仍然是被动的，企业并没有将顾客放在重要的战略位置，也没有体现与顾客的互动。而互动导向不仅将顾客放在重要的战略位置，还提出树立顾客观念和进行顾客授权等与顾客进行价值共创的具体方法和途径。

第三，在市场导向指导下，由于企业关注的整个市场的动态特征，因此对于企业来说，单个顾客的营销生产力是难以测量的。而互动导向则充分认识到了信息技术发展对企业管理带来的便利性，强调在大数据环境中对信息进行深度挖掘的重要性，因此，通过详细地记录企业对每位顾客在每次营销活动之前的营销投入和营销活动之后的营销产出，即可对此次营销活动中的顾客价值进行评估，从而打破了从前营销生产力难以测量的困境，进而帮助企业依据顾客价值差异制订相匹配的营销方案，优化企业资源配置，提高企业效益。

由此可见，互动导向并不是市场导向的简单升级，而是营销理念在信息时代的新发展，充分体现了服务经济的发展要求，因此，在大数据环境中和价值共创模式下实施互动导向进行服务创新可能是一种有效方式。

另外，对互动导向理论实施的可行性进行分析，一方面，价值共创理论、社会资本理论和动态能力理论等为互动导向理论的发展奠定了坚实的理论基础。依据价值共创理论，顾客不仅是产品与服务的购买者和消费者，同时也是产品与服务创新的资源提供者与信息共享者，与企业共同进行价值创造，因此企业应该树立顾客观念，将顾客放在重要的战略地位，通过顾客授权和良好互动等措施提高顾客参与创新的热情与积极性，与之共创价值；依据社会资本理论，与顾客构建良好的关系，有利于增加企业的社会资本，因此企业应与顾客保持良好的交流与互动，不断提高彼此的信任与承诺，增进双方的认识与理解，从而为企业创新提供宝贵的社会网络资源；依据动态能力理论，在动荡的市场环境中，企业应保持对外部环境的高度关注并能够快速整合资源以把握商业机会，因此企业应构建完善的信息管理系统，通过大数据的收集与分析，形成对市场变化的互动响应能力，为企业决策和服务创新提供有价值的参考和指导，帮助企业打造可持续的核心竞争力，保证企业的长远利益。另一方面，现代信息技术的发展为互动导向的实施提供了强有力的技术支持。如物联网、云计算等先进技术的运用与推广，使大数据的获取与分析成为可能，而开放的信息管理系统的构建，则为后期数据的分析与挖掘提供良好的平台等，成为互动导向有效实施与推广的必要条件。由此可见，新时代背景下互动导向的发展不仅具有坚实的理论基础，还具有强有力的技术支持，使互动导向的实施成为可能。

为了更好地指导企业实践，研究不仅要证明互动导向对服务创新绩效具有何种影响，还需要明确互动导向对服务创新绩效的影响路径与作用机制。研究通过文献查阅和企业调研发现：作为企业重要的动态能力之一，吸收能力（Absorptive Capacity，AC）一直备受关注。吸收能力是指企业获取、消化、转换和应用知识以产生组织动态能力的一系列惯例和流程[36]。研究显示吸收能力在产品创新的相关研究中显示出了巨大活力，考虑市场环境的不确定性和知识对于企业发展的长远影响，研究认为实施互动导向有利于提高企业的吸收能力，而良好的吸收能力又能够为企业服务创新提供智力源泉，因此吸收能力很有可能在互动导向与服务创新绩效之间发挥重要作用。另外，主动改善(Proactive Improvement，PI)作为一个较新的概念在近几年逐渐引起企业重视，主动改善是指一种针对个体顾客的、积极主动的服务创新活动，倡导企业为顾客提供义务之外的增值服务并进行持续的改进和创新，以便获取顾客满意和忠诚，帮助企业赢得竞争优势。由于主动改善也是以个体顾客为对象，与互动导向的核心思想不谋而合，而强调持续的改进与创新则符合服务创新的题中之意，由此研究推断主动改善也很可能在互动导向与服务创新绩效之间发挥某种机制作用。因此，研究拟将吸收能力和主动改善共同作为中介变量纳入互动导向与服务创新绩效的关系之中，以期明确互动导向对服务创新绩效的影响路径与作用机制，为企业发展提供更加有效的理论指导和实践参考。

结合前面分析可知，目前研究还存在以下空白之处：第一，互动导向的发展为新时代背景下企业如何在服务创新过程中有效激励顾客参与、开展顾企互动和进行价值共创提供了新的视角与思路，但目前尚无基于互动导向视角的服务创新理论与实证研究，互动导向对服务创新绩效的影响与作用机制还不明确[37]，亟须得到研究和探索；第二，互动导向对服务创新绩效的影响路径与作用机制还不明确，亟须展开深入的理论与实证研究进行探索；第三，吸收能力和主动改善两者之间的关系还尚不清楚，两者对服务创新绩效的影响还不明确，更是缺乏互动导向视角的研究，这些问题都有待进一步明确；第四，目前尚无将互动导向、吸收能力和主动改善与服务创新绩效等结合在一个研究框架的系统研究，四者间的关系与相互影响还有待探索。因此，本书将结合服务经济的时代背景，遵循"导向→能力/行为→绩效"的范式，基于互动导向这一新的视角，以吸收能力和主动改善为中介变量，以服务创新绩效为因变量，构建一个复合式多重中介模型，选取254家服务企业进行实证分析，探索互动导向对服务创新绩效的影响与作用机制，以期为新时代背景下企业获取良好的服务创新绩效提供有益的理论与现实指导。

1.3　研究内容与研究框架

围绕研究需要解决的问题，本书的内容安排如下：

第1章，引言。本部分首先通过对现实与理论背景的介绍，提出研究问题，然后依次对研究内容与研究框架、研究方法与技术路线等内容进行介绍，最后指出研究的意义和贡献。本章的主要作用在于梳理本书的研究思路，形成对研究的初步认识。

第2章，理论基础和文献综述。本部分首先对价值共创理论、社会资本理论和动态能力理论等进行介绍，构建了本书的基础理论，然后分别对互动导向、吸收能力、主动改善和服务创新绩效等研究涉及主要变量的相关文献进行回顾和梳理，总结前人的研究成果和经验，分析以往研究的空白和不足，提出本书的研究切入点。

第3章，研究假设。本部分内容主要是结合服务经济的时代背景，对互动导向、吸收能力、主动改善和服务创新绩效间的逻辑关系进行梳理和推导，提出相关假设，构建本书的理论研究框架。

第4章，研究方法。本书采用问卷调查法收集截面数据进行实证分析。本部分内容对本书的研究方法进行了详细介绍，包括问卷设计的原则、步骤、共同方法偏差控制和基本内容，变量测量量表的选择和数据的收集等，以便为后续的数据分析和假设检验提供高质量的数据资源。

第5章，数据分析和假设检验。研究采用 SPSS 20.0 和 AMOS 17.0 软件进行数据分析和假设检验。本部分首先对第4章中收集的数据进行了筛选和整理；其次对数据进行初步分析，包括方差齐次性检验、正态性检验、共同方法偏差检验和数据的描述性统计分析；再次进行验证性因子分析，即对模型的基本适配度、模型内在质量和外在质量等进行了检验和评估；最后通过结构方程模型分析对研究假设

第 1 章 引 言

进行检验,得出相关研究结论。

第 6 章,总结。本部分首先结合本书的研究结果进行分析和讨论,然后指出研究的理论与现实意义,最后分析研究存在的不足之处,对未来研究进行展望。

围绕本书的研究主题,研究框架如图 1-1 所示。

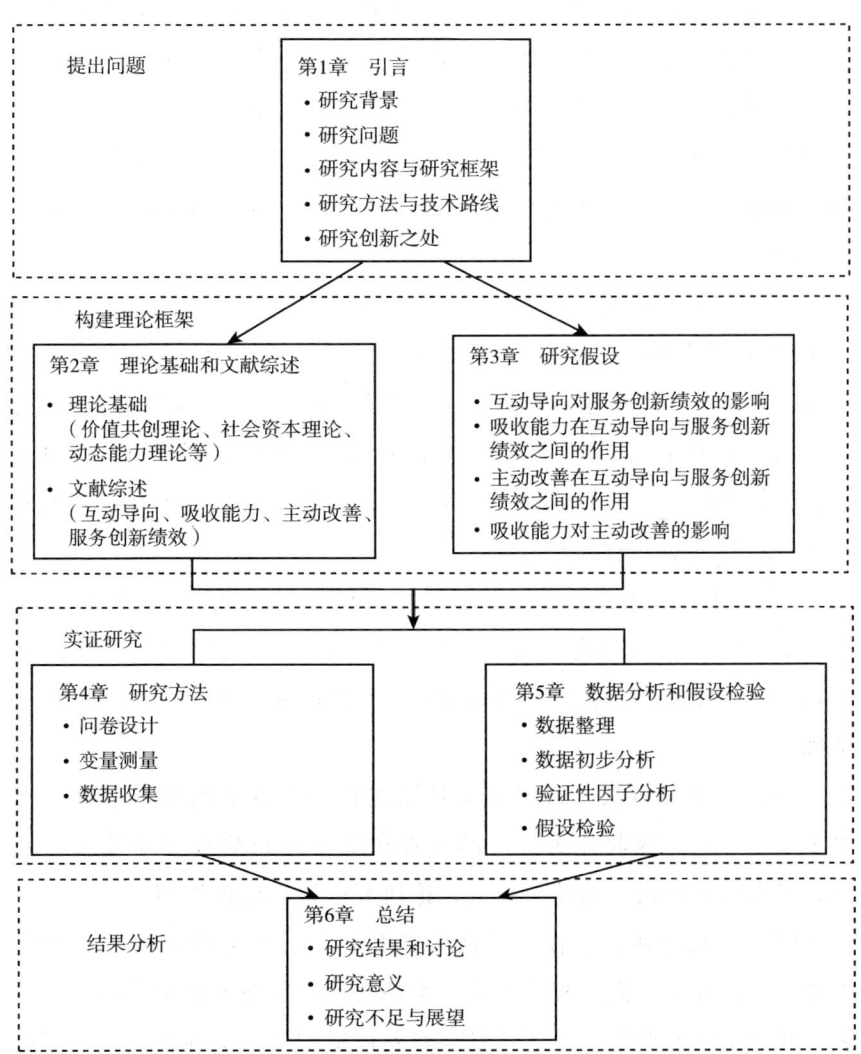

图 1-1 本书的研究框架

1.4 研究方法与技术路线

科学合理的研究方法和严谨规范的统计分析是进行科研的必要条件，为了实现本书的研究目的，研究采用理论分析与实证分析相结合、定性分析与定量分析相结合的研究方法围绕研究主题展开分析，对互动导向、吸收能力、主动改善和服务创新绩效之间的关系进行逻辑推理和假设检验，以探索互动导向对服务创新绩效的影响，明确互动导向对服务创新绩效的影响路径与作用机制。具体方法如下：

（1）文献分析法。对 Emerald、Science Online、SSCI（社会科学引文索引）、CSSCI（中文社会科学引文索引）和 CNKI（中国知网）等数据库进行全面检索，结合服务经济的时代背景，围绕研究主题，对国内外关于互动导向、吸收能力、主动改善和服务创新绩效的相关文献进行阅读、归纳与整合，梳理相关研究脉络，总结现有研究成果与不足，提出本书的研究切入点。

（2）理论综合法。研究对管理学、经济学、统计学和社会学等多个学科的相关知识进行综合运用，构建以价值共创理论、社会资本理论和动态能力理论等为基础的理论体系，奠定本书的理论基础。

（3）模型分析法。研究在文献综述和理论分析的基础上深入探讨了互动导向、吸收能力、主动改善和服务创新绩效等变量间的关系，提出相关假设，构建研究的理论研究框架和假设模型。

（4）实证分析法。在文献研究的基础上，参考研究问题与研究框架，设计互动导向、吸收能力、主动改善与服务创新绩效的相关量表，并通过企业调研、专家评判、经验评定和预测试等方法，制定正式调查问卷，进而通过问卷发放、回收、数据整理等程序，获取254

家服务企业相关数据，然后利用软件 SPSS 20.0 和 AMOS 17.0 进行数据初步分析、验证性因子分析和结构方程模型分析等，验证本书的研究假设，得出相关结论。

如图 1-2 所示，第一阶段，在引言部分对研究的实践与理论背景进行介绍，提出研究问题；第二阶段，通过文献综述，介绍研究的理论基础，构建研究的理论框架，然后对研究所涉及变量间的关系进行逻辑推导，构建研究的假设模型；第三阶段，进行实证研究，主要包括问卷设计、数据收集、数据分析和假设检验；第四阶段，进行结果分析，依据研究结果，形成研究结论，指出研究的理论与现实意义，并对未来研究进行展望。

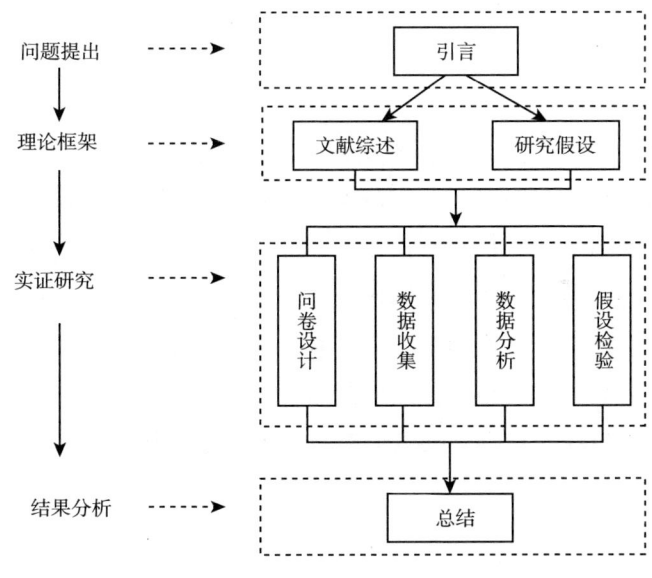

图 1-2 研究技术路线

1.5 研究创新之处

第一，研究引入 Ramani 和 Kumar[15] 提出的互动导向理论，并结合服务经济的时代背景、大数据环境和价值共创模式对该理论进行了深入剖析,丰富了市场营销理论。

第二,基于互动导向这一新的视角对服务创新展开研究,并实证验证了互动导向可以通过多种途径对服务创新绩效产生积极作用,为如何激励顾客参与、如何开展顾企互动,又如何在互动中实现价值共创等服务创新的内在机制问题研究提供了新的视角和思路。

第三,参考研究结果并结合企业发展实践为新时代背景下企业如何进行高效的服务创新提出一些意见和建议,为企业可持续发展提供了宝贵的参考和借鉴。

本章小结

本章首先对当前服务创新发展的现实背景和理论背景进行介绍,基于新时代背景下开展服务创新面临新的机遇与挑战,指出现有理论研究存在的不足与空白,提出本书的研究主题:基于互动导向视角,并将吸收能力与主动改善共同作为中介变量纳入其中,探索服务创新绩效的影响机制;其次围绕以上研究主题设计相关研究内容与研究框架、研究方法与技术路线;最后指出了本书的研究创新之处。本章内容的主要作用在于梳理本书的研究思路,形成对研究的初步认识。

互动导向对服务
创新绩效的影响
机制研究
Chapter 2

第2章 理论基础和文献综述

本章首先对研究所依托的主要理论：价值共创理论、社会资本理论和动态能力理论等进行介绍，通过对各理论发展历史脉络的阐述和梳理、理论发展分支与流派的归纳与总结，构建本书的理论基础。然后依次对研究涉及的主要变量：互动导向、主动改善、吸收能力和服务创新绩效等展开文献综述，通过对相关研究的回顾与梳理，加深对各变量的认识与理解并找出各变量间的内在联系与逻辑关系，为后期研究假设的提出和理论研究框架的构建提供依据。

2.1 理论基础

2.1.1 价值共创理论

价值创造问题一直是经济学和管理学界的关注热点之一[38]。什么是价值创造？Gronroos 认为："价值创造就是使消费者或用户在某些方面变得更好"[39]，Vargo 等认为："价值创造就是增加消费者的收益"[25]。那么，价值由谁创造？按照价值创造的主体进行划分，主要包括以下三种不同方式：（1）生产者单独创造价值。这是产生于工业社会时期，产品主导逻辑思想之下的主流观点，该观点认为价值是由生产者创造，消费者不是价值的创造者，而是价值的使用者或消耗者，价值通过交换由生产者传递给消费者，所以该观点下的价值是指交换价值，且价值等于购买者愿意支付的价格[22]，经济活动的主要目的就是制造并分配商品以获取交换价值。（2）生产者与消费者共同创造价值。随着企业实践经验的增长和市场营销理念成熟，企业日益认识到消费者在价值创造中具有重要作用，开始以消费者需求为导向进行生产，并日益加深与消费者的交流与互动，积极鼓励消费者参与到企业运营全过程中来，逐渐地，消费者的角色发生巨大变化，即消费者开始由消极的购买者转变为积极的参与者，逐渐主动参与到

第 2 章 理论基础和文献综述

企业的研发、设计和生产过程中来,并在消费领域积极贡献自己的知识、体验和技能,成为价值的共同创造者[40,41]。(3)消费者单独创造价值。Heinonen 等在 2010 年提出顾客主导逻辑,指出消费者独特的体验是价值创造过程中的核心内容,所以消费者完全可以根据自己的价值主张对企业提供的产品或服务进行再创造,另外,其所创造的价值包括客观的效用价值和主观的感知价值[42]。实质上,这种再创造的价值是基于产品或服务使用价值所衍生的价值的一种创造,已不再涉及企业生产和价值创造[40]。目前持有此种观点的研究还较少,但可能成为后工业时代的一个新研究课题[43]。总结以上三种价值创造模式,目前最为热点的研究是生产者与消费者的价值共创,也是本书的研究所依据的主要观点和理论之一。顾客与企业进行价值共创,不论是对企业还是消费者,均具有重要意义。对于企业来说,鼓励顾客参与价值共创,有助于企业及时发现和把握市场机会,从而提高企业创新的效率,降低企业生产的成本,提高企业产品和服务质量等,甚至是提高企业品牌价值等,最终帮助企业构建区别于其他竞争者的市场优势[44];对于消费者来说,深入地参与到企业生产过程中去,不仅有助于获取更加符合其需求的产品和服务,而且还可以在频繁的交互和良好的沟通中获取独特的消费体验,如挑战性、荣誉感、成就感等精神方面的愉悦或者激励[45]。

"共同创造"一词首先是作为一个战略在营销领域中被提出来的,倡导企业积极鼓励顾客参与到产品与服务的设计和开发等过程中来。后来逐渐地被应用于价值创造领域。目前,关于价值共创概念的研究主要有以下三种观点:第一,价值是共同生产的,顾客是价值的共同生产者。持该种观点的学者强调在生产领域进行的价值创造,是指企业通过引导,促使消费者进入生产领域,帮助企业进行设计和开发,以便生产出更加适合消费者需要的产品,同时增加企业和消费者的收益。第二,价值是共同创造的,顾客是价值的共同创造者。这一观点中提到的价值是指体验价值或使用价值[46],提倡企业鼓励顾客参与所有价值链环节中来，与企业进行价值共创[47,48]。第三，价值是共同创造的，企业是价值的共同创造者。该观点提到的价值是指消费领域创造的价值，因此持该种观点的学者指出，企业之所以能够成为价值共创者或者价值促进者，正是因为企业获得了参与顾客价值创造的机会，而不是与之相反的，顾客获得了参与企业价值创造的机会[39]。企业参与价值共创的主要方式在于提供价值主张或其他途径，帮助消费者获取更好的体验价值[39]。另外，价值共创的概念还具有广义和狭义之分，广义上的价值共创通常是指："消费者与企业在产品或服务的设计、生产、消费和售后等各阶段中的价值共创行为"[40,49]；狭义上的价值共创是指："特别的发生在产品或服务的使用与消费阶段的价值共创"[22]。目前，学者们更多地基于广义视角对价值共创展开研究[40][50]。

随着价值共创理论的进一步发展，逐渐产生两个重要分支[43]：一是以 Prahalad 和 Ramaswamy[41]为代表的学派，他们立足于企业战略管理和企业竞争的微观视角，提出了基于消费者体验的价值共创理论，其基本观点是"消费者与企业共创价值的核心是共同创造消费体验"和"价值共创的基本实现方式是价值网络成员间的互动"。早在 2000 年，通过对企业和消费者共创价值的案例研究，Prahalad 和 Ramaswamy[51]发现共创价值的本质在于共同创造消费者的体验价值，由于消费体验是一个持续的过程，因此价值创造贯穿于消费的全过程中，也就是说，消费者体验价值的形成过程就是消费者与企业共同创造价值的过程。2004 年，Prahalad 和 Ramaswamy[41]进一步指出企业与消费者进行价值共创的重要方式是互动的，即共创价值形成于消费者与价值网络各结点企业之间的异质性互动之中，消费者与企业作为对等的主体，通过持续的对话和互动共同为自己和对方创造价值[41]。他们指出企业并不是在向消费者销售体验，而是为消费者提供可供他们利用的体验情境，让消费者自己创造独特的消费体验。Prahalad 和 Ramaswamy 认为企业与消费者进行价值共创是打造企业新的核心能力和积累企业新的社会资本的一种全新战略方案,揭示了在新的市场环境下,由于企业与消费者的角色变化而导致的企业经营模式与经营理念的转变。

二是以 Vargo 和 Lusch[22]为代表的学派,他们基于经济发展和演化模式的宏观视角提出服务主导逻辑理论,该理论的核心思想在于:"服务是一切经济交换的根本基础"和"消费者是价值的共同创造者"。他们指出产品只是提供和传递服务的载体,所以研究者不应再拘泥于对产品和服务的区分,而是应该将研究的重点放在如何尽快恢复经济交换的本质——以服务交换服务。另外,在产品和服务的开发过程中,消费者作为一种重要的工具性资源①直接参与企业生产,与企业共创价值[52]。2004 年,Vargo 和 Lusch[22]首次提出服务主导逻辑理论,指出传统的产品主导逻辑已经过时,建议使用全新的服务主导逻辑来指导企业的运营管理和战略制定。该观点一经提出便在管理学界和营销学界引起强烈的反响和热烈的讨论,并产生了很多卓有成效的科研成果,形成关于服务主导逻辑的十大命题②。

综上所述,以上两大学派的价值创造过程模型依据不同的价值创造主体展现了价值共创的基本过程,为后续研究提供了宝贵的参考和启示。笔者将两种观点差异汇总于表 2-1 中[43]。

目前价值共创得到越来越多的关注和认可,但是现有研究尚未深入探讨新价值创造模式下企业与顾客具体应该如何开展互动与合作以进行价值共创,又如何在互动与合作中创造良好的消费体验等问题,而这些问题正是关系价值共创能否得到落实的关键,对于企业构建可

---

① Constantin 和 Lusch(1994)将自然资源等有形资源成为"对象性资源"(operand resource),把能够作用于对象性资源的无形资源(如知识、技能、人力资源等)称为"工具性资源"(operant resource)。

② 服务是一切经济交易的根本基础;间接交易掩盖了交易的根本基础;商品是提供服务的分销机制;操纵性资源是竞争优势的根本来源;所有经济都是服务经济;消费者是价值的共同创造者;生产者并不能传递价值,而只能提出价值主张;服务中心观必然是消费者导向的和关系性的;一切经济活动和社会活动的参与者都是资源整合者;价值总是由受益者独特地用现象学的方法来决定的。

表 2-1　　　　　两种价值共创理论的比较

	Prahalad 和 Ramaswamy 的价值共创理论	Vargo 和 Lusch 的价值共创理论
理论视角	企业战略管理和竞争	经济发展和演化
价值共创	广义	狭义
价值观点	共创价值与消费者体验相关，产生于价值形成的所有阶段	共创价值产生于消费者的使用和消费过程
价值创造者	生产者、消费者和合作企业	生产者、消费者和合作者网络
价值基础	共同创造消费者体验	使用价值或情境价值
价值创造过程	消费者与企业通过持续的对话和互动创造价值	生产者通过市场提供物提出价值主张，消费者通过使用和消费继续创造价值
价值实现	关注价值共创各方的价值实现	包括生产者、消费者以及合作者在内的价值共创系统的价值实现
企业角色	提供消费者体验和互动的情景，促使消费者参与价值共创	提出价值主张，提供服务，共创价值
消费者角色	价值共创者、共同创造体验的主角、积极参与者	价值的共同创造者
企业关注焦点	关注与消费者的互动质量、消费者的体验情境和体验网络创新	提出价值主张，为消费者实现价值共创提供支持

资料来源：主要参考文献 [45] 整理。

持续的竞争优势具有重要意义[53]。此外，目前的研究也未将价值共创系统的构建提升到战略管理的高度[54]，如新价值创造模式下企业如何实现经营战略的转变，如何构建新的价值创造系统，又如何激励消费者进行价值共创等。由此本书提出建议，未来研究可以从以下三个方面对其进行关注：一是探索消费者与企业实现共创价值的有效途径；二是明确消费者参与价值共创的内在作用机制；三是企业激励消费者参与价值共创的策略与战略。

2.1.2　社会资本理论

社会资本理论自 20 世纪 20 年代产生以来，相关研究一直主要集中在社会学的研究领域，其应用范围也受到了限制，直至20世纪90年代后期，社会资本的研究范围才开始扩展至管理学、组织学和经济学等领域，并得到广泛应用[55]。社会资本在管理学领域的应用主要体现在组织学习、技术创新和企业管理理论研究等方面。

总结现有关于企业社会资本概念的研究，主要可以分为三类：第一类，资源观。该类观点认为企业的社会资本是一种建立在规范、信任和网络基础之上的[56]、有助于企业目标实现的战略资源[57]，它存在于企业内外部关系网中，并且可以被其成员所获得[58]。如Portes认为社会资本是个人依赖网络或者更大的社会组织中的成员来获取稀缺资源的能力，包括理性嵌入（双方对互惠的预期）和结构性嵌入（双方遭遇更大网络时被强制推行的各种约束因素，即可强制推行的信任）[59]。林南认为社会资本是一种能够嵌入某种社会结构的、可以通过有目的的行动进行动员或者获取的资源，主要包括三种成分：一是资源是嵌入于某种社会结构中的资源；二是个人具有获取这种资源的能力；三是能够通过有目的的行动来获取或者动员这些资源[60]。第二类，能力观。基于该种观点的学者将企业社会资本定义为：企业依赖网络或者组织中的其他成员以获取稀缺资源的能力[61]，可以通过横向、纵向或者社会联系来获取这种资源[62]。如Coleman将社会资本界定为五种形式：第一，义务与期望；第二，规范与有效的惩罚；第三，权威；第四，存在于社会关系内部中的信息网络；第五，多功能的社会组织和特别创建的社会组织。Coleman第一次系统和明确地将社会资本的概念从以个人为中心（Ego-centric）的分析转向以社会为中心（Socio-centric）的分析，具有重要的影响和意义[63]。Burt的研究则将社会资本理论由个人层次延伸至企业层次，并且指出，企业内部和企业间的关系就是企业的社会资本，决定企业竞争的成败[64]。第三类，网络观。持有该观点的学者将企业社会资本定义为企业间的一种直接或间接的合作或关系网络[65]。企业可以利用外部的关系网络获取社会资源，然后运用内部关系网络使这些外部资源转化为企业效益[66,67]。如 Nanapiet 和 Ghoshal 将社会资本界定为一个多维度的概念，认为它既可以产生于个人之间，也可以产生于组织或企业之间[58]。Cohen 和 Prusak 将社会资本定义为人们之间积极的交往、了解和关系的保持，能够对人际关系成员起到约束作用，并促使他们积极合作。胡皮和西曼认为社会资本不仅包括社会价值和规范，以及企业员工共享的战略和内容等方面，还包括嵌入在企业员工、顾客、供应商、经销商等所有利益相关者之间的关系和网络，因此他们将社会资本界定为企业竞争优势的来源之一，认为企业社会资本的积累将对企业获取更多的资源和抢占更加有力的市场地位产生重大影响。

在关于企业社会资本的影响机制研究中，较多文献对企业社会资本对企业绩效和技术创新的影响进行了研究，由此看出，大多数学者更多地关注企业社会资本的经济功效的研究。例如，Zaheer 等研究认为能够创造和较好利用社会信息网络的企业在市场竞争中将具有较高的市场敏捷性，有利于提高企业绩效[68]。Gulati 等研究发现具有不同社会资本的企业在网络资源和关系资源的利用和整合方面存在差异，进而对企业行为和企业经营绩效产生不同影响[69]。Gillilang 和 Bello 研究发现保持与顾客间良好的关系可以有效提高供应商的绩效[70]。Wu 和 Wei 研究发现良好的社会资本有利于企业对资源和技术创新等优势的获得[71]。Greve 和 Salaff 研究发现良好的社会资本能够提高企业对内外部资源的有效整合，进而有助于促进企业的技术创新[72]。张方华研究发现社会资本会对企业的信息获取和知识吸收等产生影响，进而通过这些途径影响企业的技术创新绩效[73]。李红艳等研究发现社会资本有利于促进企业隐性知识的传播和提高企业资源配置能力，从而正向影响企业技术创新的数量和能力[74]。

总结现有关于社会资本理论的研究，虽然近年来该理论在管理学和经济学等诸多领域得到了高度的重视和广泛的应用研究，但仍存在以下不足：第一，社会资本的概念尚未有统一的界定，在测量上也缺乏认可度比较高的指标[75]，这在一定程度上影响了社会资本理论的应用与推广[76]。特别是在我国，对社会资本的研究以实证居多而理论探索较少，未来研究应进一步理清和规范社会资本的相关概念、内涵和测量指标，为社会资本理论的深入发展扫除障碍，促进社会资本理论的证实与推广[77]。第二，在社会资本的作用机制研究中，对于社会资本的积极作用研究较多，消极作用及其应对机制的研究比较缺乏。科学的研究应是辩证的，即在肯定社会资本正面效应的同时也不否认负面影响，因此未来研究应尝试基于辩证的视角对社会资本的影响展开进一步的研究[78]。第三，未来研究也不应一味追求社会资本的经济功利效应，否则就会使研究陷入庸俗化的泥潭，而是更多地将社会因素和心理因素等加以考虑，进一步扩大社会资本理论的研究范畴，在更加广阔的空间对其展开理论与实践的探索，提高社会资本理论的应用价值[79,80]。第四，以往关于社会资本的研究很少考虑信息不对称和代理问题[81]，而在当今服务经济迅速发展的时代，以往的一些研究结论不再适用，或者指导性变得有限，因此未来研究应注意结合服务经济的时代背景展开，使之更加具有现实指导性[82]。

2.1.3 动态能力理论

战略管理的一个重要问题是企业如何获取并保持在市场中的竞争优势，统观历史的发展，人们对于企业竞争优势来源的认识呈现出"由内而外，再由外而内往返"的规律性。资源基础观理论认为企业拥有的独特资源是企业保持持久竞争优势的源泉，这一理论在一段时期得到了一定的发展，但是该理论的缺陷也很快被指出：一是该理论过分强调了企业内部资源的独特性却对广泛的外部资源重视不足，不能够很好地适应动态发展的市场环境；二是该理论中对企业所谓的"内部独特性资源"的界定并不明确，操作困难，而且这种"内部独特性资源"也往往只是短时间内的一个存在,实际上是可以,甚至是很容易被其他企业复制、模仿甚至超越的。20世纪90年代,核心能力理论流派逐步兴起[83],不过核心能力理论也存在类似问题,因为该理论也具有一个潜在的前提假设,即环境是静态的,现实中的市场环境却是千变万化的,并且随着科技的进步和竞争的加剧呈现加快变动的趋势,所以企业一时的核心能力同样能够被其他企业模仿或赶超,由此可见,这种核心能力存在刚性问题,这种刚性甚至会成为企业进一步发展的包袱和障碍。在以上理论与实践发展背景下,以资源基础观理论为基础,同时又吸收了核心能力理论的一些观点,动态能力理论逐步形成和发展起来[84]。

目前关于动态能力的概念研究尚无比较统一的界定。Eisenhardt等[85]和李兴旺等[86]认为动态能力是企业整合、建立与再配置企业内外部资源和能力的一种战略能力。Pan等认为动态能力是指企业在技术变化的条件下,企业为创造和抓住新的机会而建立的资源与能力结构的组织惯例[87]。Barreto认为动态能力是指企业系统的解决问题的一种能力,包括感知威胁和机会、制定决策和改变企业资源基础等几个方面[88]。总之,动态能力是能够改变企业资源基础的高阶能力,具有创造性毁灭的特征,其形成与发展具有路径依赖性,是一种惯例化的稳定行为,而不是即兴的发挥[87]。熊胜绪针对动态能力的这些特征,基于战略管理的思想提出了未来发展的五个方向:第一,企业持续的竞争优势来源于企业的动态能力,但其核心不是竞争力的识别和利用,而是竞争力的不断创新;第二,动态能力的路径依赖性是把"双刃剑",它在用较高的转换成本"隔离"其他企业进入的同时也容易使企业陷入故步自封的成长风险,因此企业应该不断进行自我挑战,努力打破动态能力的路径依赖性;第三,动态能力的影响因素不只来自企业内部也包括企业外部,以往研究主要侧重于强调企业的"主观能动性",但其实企业还可以与其他企业进行合作,通过建立战略联盟和虚拟组织等途径,构建企业的社会关系网络,借助其他企

第 2 章　理论基础和文献综述

业的核心技术来推动自身的发展[89];第四,组织学习能力是企业动态能力的重要影响因素之一,因此企业应积极打造学习型组织,努力消除组织学习障碍,为信息与知识的流通与整合搭建良好平台[90];第五,企业可以建立超越自身资源和能力范畴的发展战略,积极打造可持续的核心竞争力[91,92]。

学者们对于动态能力的测量主要有两种思路:第一,通过测量企业适应动态环境变化的表现来测量其动态能力,如 Kathleen 等学者将企业动态能力界定为企业明确的运作流程[86];第二,通过分析动态能力的构成对其进行测量,如魏江和焦豪认为企业动态能力主要包括企业的环境洞察能力、变革更新能力、技术柔性能力和组织柔性能力四个方面的能力[93]。

目前多数学者的研究都显示了动态能力对企业竞争力的积极影响,如良好的动态能力有助于企业及时发现新的商业机会[94],有利于企业克服组织惯性,及时掌握新的知识与技能[95],甚至是激发组织创新能力,推动组织进行战略变革[96],等等。但也有学者对动态能力是否一定能够提高企业市场竞争力持怀疑态度,如 Zahara 和 Sapienza 认为动态能力与企业绩效之间存在复杂的作用机制,良好的动态能力并不一定能够保证企业获取竞争优势[84]。刘帮成通过对技术创业型公司的案例研究也显示,技术能力强大的企业并不一定就拥有竞争优势[97]。由此可见,关于动态能力的后果影响的研究结论尚不一致,还有待后来学者展开进一步的深入研究。

综上所述,目前关于动态能力理论的研究已经在很多领域得到了广泛的研究,但仍存在一些不足之处,还有待未来学者们的进一步探索:第一,对于动态能力概念和维度的界定尚未有比较统一的定论,还处于理论创建阶段,有待未来学者们的进一步研究[98];第二,动态能力对于企业绩效和竞争优势的影响研究受到众多学者的关注,但是目前也尚无统一定论,如动态能力对企业绩效是直接作用还是间接影响[99],抑或是呈"U"形或者倒"U"形关系等,基于不同的研究背景和视角，不同学者得出了不同的结论，二者之间的"黑箱"还没有打开[100]；第三，动态能力理论的研究情境还有待丰富[101]。如动态能力对企业绩效的影响会受到哪些因素的调节，不同的市场环境、经济发展水平还是不同文化？又或是因企业规模和性质等因素的不同而表现不同？只有明确了这些问题，才能促使动态能力理论能够更加有效地指导企业实践。

2.1.4 小结

在本书的研究中，价值共创理论是最为核心和重要的理论基础，这与服务的顾客参与性和服务创新的顾客导向性密切相关，亦符合当前服务经济发展的实际。社会资本理论也是本书重要的理论基础之一，通过与顾客互动、顾客授权和主动改善等，有利于企业构建良好的社会关系网络，从而为企业服务创新提供丰富的社会资本积累。依据动态能力理论，企业唯有及时获取外部丰富的信息并经由企业内部高效的吸收、转化与利用，才能适应当前瞬息万变的市场环境，为企业决策和服务创新提供有价值的参考与指导。企业进行主动改善主要依据社会交换理论和顾客价值理论，即通过为顾客提供优异的价值而获取顾客满意和忠诚，并进行持续的服务改进与创新，帮助企业打造可持续的核心竞争力，保证企业的长远利益。除以上理论之外，研究还涉及市场导向理论、顾客价值理论、交易成本理论和资源依赖理论等，限于篇幅，在此不再一一展开论述。

2.2 服务创新文献综述

创新是企业发展的不竭动力，随着市场经济发展的进一步成熟，商品经济开始转向服务经济，服务创新，日益成为企业赢得市场竞争优势的重要战略选择，引发学术界众多学者的广泛关注[25][27]。下面研究将从服务创新的概念、类型、顾客参与和服务创新绩效的测量等几个方面进行文献回顾与梳理，以便对目前服务创新的相关研究进行一定的认识和了解。

2.2.1 服务创新概念研究

Fitzsimmons 等认为服务创新的概念具有广义和狭义之分，其中，广义上的服务创新是指一切与服务相关的创新行为，狭义上的服务创新则特指发生在服务企业的创新行为[102]。Gardrey 等认为服务创新是指为顾客提供新的解决方案而更有效率地解决顾客问题，包括两个方面：一是结合新问题形成新的解决方案，二是提升服务质量。Tidd 和 Hull 将服务创新定义为组织为增加顾客附加价值而提供的全新的、变革明显的服务流程或服务观念[103]。许庆瑞和吕飞将服务创新定义为：在服务过程中应用新的思想或技术，用以改善现有服务流程，提高服务效率，扩大服务范围，增加服务项目，提高服务质量，更新服务内容等，从而为顾客创造新服务价值的活动[104]。邢文刚和马钦海将服务创新定义为：组织在服务概念、服务流程、服务传递方式或服务作业等方面进行改善或变革，以便为顾客提供更准确、高效、满意的服务，目的在于提高顾客忠诚度，创造更大的效用和价值。Berry 等认为服务创新主要包括扩展现有服务范围、改进现有服务提供方式和增加现有服务的种类[105]。蔺雷和吴贵生认为广义上的服务创新是指发生在各行各业的各部门中的、一切针对服务或与服务相关的创新行为和活动，狭义上的服务创新则特指发生在服务行业中的、与服务相关的创新行为和活动[106]。Blazevic 和 Lievens 将服务创新界定为：组织为了提高服务质量和创造新的市场价值，围绕服务要素展开的一系列有目的、有组织的变革[107]。Eisingerrich 等认为服务创新是为顾客进行的新服务开发、流程改进和营销设计等活动[108]。李雷等则将服务创新界定为：对既有的产品或者服务进行改造，通过满足顾客多样化的需求帮助企业获取多重利益[109]。笔者将关于服务创新绩效的代表性研究整理和汇总于表2-2中。

表2-2　　　　　　　　服务创新概念研究

概念界定	参考文献
狭义的服务创新指发生在服务企业的创新行为，广义的服务创新是指一切与服务相关的创新行为	Fitzsimmons 等（1994）
为顾客提供的新的解决方案：一是结合新问题形成新的解决方案，二是提升服务质量，更有效率地解决顾客问题	Gardrey 等（1995）
基于现有服务范围的改变，或者是基于操作过程和参与者的变化	Tax 和 Stuart（1997）
服务创新是无形的，通常是针对问题提出的新的概念或理念	Rob（1998）
通过修订或变革服务内容而向顾客提供新的服务	Menor 等（2002）
指组织为增加顾客附加价值而提供的全新的、变革明显的服务流程或服务观念	Tidd 和 Hull（2003）
在服务过程中应用新的思想或技术来改善和变革现有服务流程和服务产品，提高现有服务效率和服务质量，更新服务内容，增加服务项目，扩大服务范围，为顾客创造新的服务价值的活动	许庆瑞和吕飞（2003）
服务创新是指组织通过在服务概念、服务流程、服务传递方式或服务作业等方面的改善或变革，为顾客提供更准确、高效、满意的服务，目的在于提高顾客忠诚度，创造更大的效用和价值	邢文刚和马钦海（2005）
服务创新指改进服务提供方式、扩展现有服务范围和增加新的服务	Berry 等（2006）
服务创新是：产品创新－商业模式创新－过程创新的反复和迭代	Fordas（2006）
广义上的服务创新可以发生在各行各业的各部门中，指一切针对服务的，或与服务相关的创新行为和活动，狭义上的服务创新特指发生在服务行业中的创新行为和活动	蔺雷和吴贵生（2007）

续表

概念界定	参考文献
组织为提高服务质量、创造新的市场价值而对服务要素所进行的一系列有目的、有组织的变革	Blazevic 和 Lievens（2008）
服务创新是为了顾客而进行的新服务开发、流程改进和营销设计等活动	Eisingerrich 等（2009）
服务创新是对既有的产品或者服务进行改造，通过满足顾客多样化的需求帮助企业获取多重利益	李雷等（2012）

资料来源：笔者整理。

2.2.2 服务创新类型研究

依据服务创新的新颖程度，Heany 将服务创新划分为根本创新型服务和渐进创新型服务。其中，根本创新型服务包括重大创新、创始业务和引入全新服务，渐进创新型服务包括服务产品线扩展、服务改进和服务风格与形式的变化[110]。依据服务的特性，Miles 将服务创新划分为产品创新、过程创新和传递创新[111]。根据服务创新对象的不同，Sundbo 和 Gallouj 将服务创新划分为市场创新、组织创新、过程创新和产品创新。考虑创新程度的差异，Johnson 等将服务创新划分为根本创新（如开展新业务和全新服务）和附加创新（如改善原有服务、扩大服务范围和改变服务风格）。根据创新形式的不同，Wietze 和 Elfring 将服务创新划分为技术创新、服务新组合、顾客共创和多组织参与四种创新类型。基于企业间关系的视角，Drejer 将服务创新划分为特别创新、有形化创新、专门化创新和外部关系创新四种类型[112]。还有，Hipp 等则将服务创新划分为产品创新、流程创新和组织创新[113]。Hipp 和 Grupp 将服务创新划分为知识密集型、规模密集型、网络密集型和外部创新密集型四种类型[114]。Erik 将服务创新类型划分为：渐进式创新、激进式创新、重组创新和特别创新四种。我国学者张宇等对前人的相关研究进行了总结，将服务创新归纳为以下九种类型:市场创新、过程创新、组织创新、产品创新、技术创新、传递创新、专门化创新和形式化创新[115]。笔者将具有代表性的服务创新类型的相关研究整理和汇总于表2-3中。

表2-3 服务创新类型研究

创新类型	参考文献
根本创新型服务、渐进创新型服务	Heany (1993)
产品创新、过程创新、传递创新	Miles (1995)
产品创新、过程创新、组织创新、市场创新	Sundbo 和 Gallouj (1998)
产品创新、流程创新、组织创新	Hipp 等 (2000)
根本创新、附加创新	Johnson 等 (2000)
技术创新、服务新组合、顾客共创、多组织参与	Wietze 和 Elfring (2002)
特别创新、有形化创新、专门化创新、外部关系创新	Drejer (2004)
产品创新、过程创新、组织创新、市场创新、技术创新、传递创新、专门化创新、形式化创新	张宇等 (2004)
知识密集型、规模密集型、网络密集型、外部创新密集型	Hipp 和 Grupp (2005)
对市场而言全新的服务、对某个企业而言全新的服务、服务流程创新、服务改进、服务线延伸、服务重新定位	Alam (2006)
激进式创新、渐进式创新、重组创新、特别创新	Erik (2006)
产品研发创新模式、流程技术创新模式、组织合作创新模式	Tether 和 Tajar (2008)
无目的的内部创新、有目的的内部创新、有试点的顾客创新项目、为特定顾客定制的创新项目、外部资金资助的创新项目	Toivonen 和 Tuominen (2009)
服务过程创新、服务结果创新	Hsueh 等 (2010)

资料来源:笔者整理。

2.2.3　顾客参与服务创新研究

服务创新涉及多方利益主体，如企业内部员工（管理者、研发人员、营销人员和一般员工）、顾客、投资者和供应链上下游企业等[29]，正如前所述，服务的不可分离性和服务创新的顾客导向性注定了顾客参与的必要性与重要性，顾客参与成为目前服务创新的研究热点之一。本书认为，对于企业来说，顾客参与有利于促进企业服务创新：顾客的不同经历、职业和思维等，其异质性的知识将会极大地改进和完善企业原有的知识结构，其丰富的想象力和创造力也将会对企业的"惯性思维"和"群体思维"形成有效冲击，可以为企业服务创新提供强有力的智力支持。对于顾客来说，顾客具有参与服务创新的内在与外在动因：（1）经济驱动，如获取更大的折扣和优惠[116]；（2）心理动机，如通过参与获取特殊的体验[117,118]；（3）内在价值，如对"美"的探索，获取精神上的愉悦[119]；（4）外在价值，如寻求挑战，彰显个性[120]。由此可见，顾客参与服务创新是市场经济发展的必然。近年来，特别是网络信息技术的发展，为顾客参与服务创新提供了更加宽松的环境和活跃的氛围，顾客与企业的互动越来越便捷和多元化，顾客以更大的热情、更加积极主动地参与到服务创新过程中来，不仅是新服务的购买者和使用者，还是新服务开发中的资源提供者和共同生产者[12]，成为企业服务创新的重要智力与资本来源，日益受到社会各界的关注。另外，顾客参与也与本书的研究主题密切相关，所以下面研究将对顾客参与的相关文献进行简要介绍。

目前对于顾客参与概念的研究主要存在两种视角：一种是行为视角。如 Bettencourt 将顾客参与定义为顾客主动地、负责任地参与到企业的生产与治理之中的行为[121]。Rodie 和 Kleine 将顾客参与定义为顾客在参与服务生产与传递的过程中付出物质、时间和情感的一种行为。Narasimhan 和 Kim 认为顾客参与服务创新是指顾客在服务创新过程中提供信息和资源，以及做出的一些行动和努力的过程[122]。Magnusson 等[123]、Abramovic 和 Laurence[124]、Alam 等[125]将顾客参与服务创新定义为：企业依据其创新战略，在恰当的阶段以恰当的方式，通过培训等将顾客以恰当的程度引入服务创新中的过程。另一种是结果视角。如 Claycomb 等认为顾客参与不仅是指顾客在服务过程中所表现出来的行为，更是指他们在服务的生产与传递过程中所担任的角色和发挥的作用[126]。Lloyd 则认为顾客参与就是顾客在服务过程中所作出的贡献，将会影响企业的服务质量水平[127]。

目前关于顾客参与的维度划分还没有统一的界定，Silpakit 和 Fisk 认为顾客参与服务创新的过程就是顾客在服务创新过程中的精神、体力和情感的投入的过程，因此他们将顾客参与划分为智力投入、体力投入和情感投入三个维度[128]。Lengnick – Hall 将顾客参与划分为顾客的购买、使用、资源提供和共同生产[11]。Kellogg 等通过对多种类型服务企业的研究分析发现，顾客参与主要包括事前准备（如寻求推荐者）、信息交流（如阐明期望）、关系建立（如通过微笑、沟通等建立良好关系）和行为干涉（如意见反馈）四种活动[129]。Ennew 和 Binks 则将顾客参与服务创新划分为信任共享、责任行为和人际互动等三个维度[130]。

Nambisan 认为顾客参与就是顾客通过自身的努力以及与服务人员的合作而帮助企业创造服务价值的活动，因此他将顾客参与划分为消费频率、合作生产和信息提供三个维度[131]。Fang 依据顾客在服务创新中的角色，将顾客参与划分为提供信息和共同开发两个维度[132]。Yi 和 Gong 则将顾客参与划分为两个大的维度：顾客参与行为维度（包括信息获取、信息共享、责任行为和人际互动四个因素）、顾客公民行为维度（包括反馈、宣传、提供帮助和容忍四个因素）[133]。我国学者张祥和陈荣秋借鉴波特的价值链模型构建了一个顾客参与链模型，将顾客参与划分为准备、参与和评价三个阶段[134]。卢俊义和王永贵在参考前人研究的基础上将顾客参与划分为长期导向、综合性、正规化和重要性等四个维度[135]。笔者将一些具有代表性的相关研究汇总于表2-4中。

表2-4　　　　　顾客参与服务创新的维度研究

维度划分	参考文献
顾客做出努力、顾客提供资源	Mills和Moberg（1982）
智力投入、体力投入、情感投入	Silpakit和Fisk（1985）
资源提供、共同生产、购买、使用	Lengnick-Hall（1996）
事前准备、信息交流、关系建立、行为干涉	Kellogg等（1997）
信任共享、责任行为、人际互动	Ennew和Binks（1999）
消费频率、合作生产、信息提供	Claycomb等（2001）
资源投入、价值创造、产品使用	Nambisan（2002）
建立关系、定义服务、建立声望、进行管理、反馈与抱怨、接触规避	Markley和Davis（2006）
信息获取、信息共享、责任行为、人际互动、反馈、宣传、提供帮助、容忍	Yi和Gong（2015）
准备阶段、参与阶段和评价阶段	张祥和陈荣秋（2006）
事前准备、合作行为、信息分享、人际互动	彭艳君（2008）
提供信息、共同开发	Fang（2008）
长期导向、综合性、正规化、重要性	卢俊义（2011）

资料来源：笔者整理。

学者们除了关注顾客参与的概念、维度与类型的相关研究之外，还重点关注顾客参与对企业绩效等的影响研究。如William和Luo研究发现，顾客全程参与服务创新，容易形成对新服务比较深刻的理解和客观的认识，从而有利于促进服务创新项目开发的效率，降低服务创新的成本和促进新服务的市场推广等[136]。Magnusson等研究发现，由于某些顾客会具有一些特殊的专业知识和经验，因此能够为企业提供比专业的开发人员更具创新性的想法[137]。Matthing研究也发现，由于顾客往往具有的不同成长经历和知识背景,其个性化思维会对企业的群体思维造成有效冲击,从而激发企业进行创造性的思考,因此顾客参与服务创新有利于促进企业的新服务开发[138]。类似的,Gruner 和 Homburg 研究发现顾客参与创新的强度和特征皆会对新产品的创新程度产生积极影响[139]。

Christopher 研究提出顾客参与特别有利于提高企业激进型创新的能力[140]。我国学者卢俊义和王永贵认为在顾客参与服务创新的过程中产生了知识转移,即企业通过与顾客的互动可以获取顾客的宝贵知识,通过组织学习与企业吸收,这种宝贵的知识可以有效转化为企业新的创新来源,从而促进企业的服务创新[141]。陈璟菁研究则发现进一步发现顾客参与服务创新的深度和广度皆会对新产品时间绩效和创新绩效产生积极影响[142]。笔者将具有代表性的相关研究汇总于表 2-5 中。

表 2-5　　　　　　　　　　顾客参与的影响研究

影响研究	参考文献
顾客参与创新的强度和特征皆会对新产品创新程度产生积极影响	Gruner 和 Homburg（2000）
顾客参与有利于提高和巩固企业服务创新的新颖性	Alam 和 Perry（2002）
某些顾客能够为企业提供比专业的开发人员更具创新性的想法	Magnusson 等（2003）
顾客参与有利于引发创造性思维和思考	Matthing（2004）
顾客参与有利于提高项目绩效和促进新服务的市场推广	Leeuwen 和 Klomp（2006）
顾客参与能够帮助企业缩短服务创新周期	Alam（2006）
顾客参与有利于提高企业激进型创新能力	Christopher（2007）
顾客参与服务创新有利于提高项目完成的及时性	William 和 Luo（2008）
顾客参与有利于提高企业创新绩效	卢俊义和王永贵（2011）
顾客参与的深度和广度皆会对新产品时间绩效和创新绩效产生积极影响	陈璟菁（2012）

资料来源:笔者整理。

2.2.4 服务创新绩效测量研究

目前学者们对于服务创新绩效的测量还没有形成比较统一的认知。首先便存在客观指标和主观指标之争，即有学者认为为了便于操作，服务创新绩效的测量可以借鉴产品创新绩效测量的客观指标进行衡量，而有学者认为服务的无形性等特征使其不适宜采用客观指标进行衡量，因此提倡使用主观指标。不过目前已有学者研究表明主观绩效评估与客观绩效评估各有利弊，但结果具有高度一致性，所以主客观指标的选择并不会对研究的最终结论产生重大的影响，因此建议学者们不必局限于主客观指标之争之中[143]。另外，由于服务创新往往会给企业带来多方面的影响，因此学者们一般都会采用多维度指标进行测量和分析[144,145]。如 Kaplan 和 Norton 参考平衡积分卡概念，指出应从财务、顾客、内部流程、学习和成长四个方面来衡量服务创新绩效[146]。Cooper 和 Kleinschmidt 的研究采用财务绩效、机会窗口和市场影响三个相互独立的指标来测量服务创新绩效[147]。Bilderbeek 和 Hertog 认为服务创新是多种因素共同作用的结果，并提出了服务创新的四维度模型，分别为新服务概念、新服务卡界面、新服务传递系统和技术选择[148]。Storey 和 Kelly 建议采用财务指标、顾客指标和内部指标对服务创新绩效进行测量[149]。IBM 公司采用服务产品创新产出（如顾客满意度、新服务产品销售额和销售利润等）、商业模式创新产出（如订货周期、顾客保持率和存货周转率等）和操作过程创新产出（如销售收入增长率、利润增长率和外包程度等）三种类型的指标对服务创新绩效进行测量[150]。Hsueh 等将服务创新绩效划分为过程绩效（Process Performance，PP）和结果绩效（Result Performance，RP）两个维度，共6个题项，其中，过程绩效主要是指服务创新平均费用的降低、过程的优化和效率的提高，服务创新的结果绩效主要是指企业投资回报率、市场竞争力和客户满意度的提高等[145]。Thakur 和 Hale 从财务绩效（包括新服务或新产品的销售额、市场占有率和组织盈利能力等可量化的指标）和非财务绩效（包括顾客满意度、服务忠诚度和对企业形象的改善等指标）两个维度对服务创新绩效进行测量[151]。我国学者舒伯阳以企业盈利成长为中心，引入平衡计分卡测评工具（BSC），构建了一个包含财务、顾客、内部流程与组织学习等在内的服务创新成长绩效的综合评估模型[152]。笔者将服务创新绩效测量的相关研究整理和汇总于表 2-6 中。

表 2-6　　　　　　　　服务创新绩效测量研究

测量指标	参考文献
财务绩效、机会窗口和市场影响	Cooper 和 Kleinschmidt（1987）
财务、顾客、内部业务流程、学习和成长	Kaplan 和 Norton（1992）
服务概念创新、顾客接触创新、服务传递和组织创新、技术创新	Hofman 等（1998）
新服务概念、新服务卡界面、新服务传递系统和技术选择	Bilderbeek 和 Hertog（1998）
财务、顾客和内部指标	Storey 和 Kelly（2001）
财务、顾客、内部流程与组织学习	舒伯阳（2005）
服务产品创新产出、商业模式创新产出和操作过程创新产出	Miles（2008）
过程绩效和结果绩效	Hsueh 等（2010）
财务绩效和非财务绩效	Thakur 和 Hale（2012）

资料来源：笔者整理。

2.2.5　服务创新相关研究评述

综上所述，目前关于服务创新的研究逐渐规范和深入，并取得了一些成果，但仍存在一些问题：

首先，不同于实物产品创新的技术导向性，服务创新具有鲜明的顾客导向性，再加上服务的无形性、产销同步性等特征，使服务的改进和创新比较难以观察，服务创新的投入与产出也难以测量，再加上创新具有多种驱动因素，创新种类多种多样，为服务创新范畴的界定和维度的测量提出了挑战，而服务创新范畴与测量维度的难以确定性则为后期服务创新的相关研究造成了较大障碍，成为学者们亟待突破的一个研究"瓶颈"[149]，因此今后学者们还应继续关注对服务创新的内涵研究。

其次，长期受以往技术视角的影响，目前关于服务创新的研究大多还局限于对实物产品创新的模仿和借鉴[153]，也有一些学者开始基于服务本身的特性展开对服务创新特征和规律的研究，但仍局限于对制造业和服务业的区别研究，比较缺乏综合视角研究，而随着经济全球化进程中制造业与服务业的不断融合，两者呈现趋同趋势，因此未来研究需要整合两者的创新共性展开综合研究，即基于综合视角，兼顾实物产品与服务产品的共同特征，并结合服务经济的时代背景对服务创新开展更加科学的研究，将成为后来学者们进一步努力的重要方向之一。

再次，目前顾客参与的相关研究还处于初级阶段，缺乏深层次的探索：一是顾客参与的定义与维度划分的研究尚无统一界定，在一定程度上影响了顾客参与的后续研究；二是现有研究对于顾客参与服务创新的正面影响研究较多，然而现实情况却并不是只要顾客参与就一定能够获取良好绩效的[154]，而是需要一个积极引导顾客合作并且对顾客进行科学管理的前提或者条件，目前还缺乏相关文献研究；三是顾客参与对服务创新影响的结论尚不一致，且更多研究重点在于从理论上阐述和强调顾客参与对服务创新的重要作用，而对于如何提高顾客参与的积极性、如何与顾客进行互动，又如何在互动中实现价值共创等内在机制问题却缺乏深入的探索，这将是未来研究的一个非常重要的方向，具有重要的理论与实践指导价值。

最后，缺乏关于电子服务的相关研究。目前关于电子服务的研究主要涉及电子服务概念的界定、电子服务质量的测量、电子服务价值的形成机制等方面，相关研究还处在初级阶段[155]，不同研究视角下的理解存在明显差异，相关研究成果比较散乱，缺乏系统的理论研究和实证分析[156]，那么相较于传统的物理服务，电子服务的创新存在哪些差异[157]，电子服务创新的绩效又应如何衡量等问题尚缺乏深入研究[158]，但正如本书第1章所述，随着电子商务的进一步发展，网络营销的普遍开展，电子服务的地位与影响将日益重要，因此针对电子服务创新展开探索也将是未来研究的一个重要方向。

结合本书的研究进行讨论：随着服务经济的发展和信息技术的进步，顾客日益在更广范围和更深层次上以更大的积极性和主动性参与到服务创新过程中来，因此明确顾客参与对服务创新绩效的内在机制，实现对顾客参与服务创新的科学管理将成为企业在新时代背景下亟须解决的重要战略问题。然而统观现有文献，研究更多地在于从理论上阐述和强调顾客参与对服务创新的积极作用，而对于如何激励顾客参与、如何开展顾企互动，又如何在互动中实现价值共创等内在机制问题却缺乏深入的探索。笔者认为，互动导向倡导企业借助于先进的信息技术与顾客进行良好互动，以充分的顾客授权来激励顾客参与并在顾企互动中对顾客进行价值管理，为顾客参与服务创新以实现价值共创提供了方向性指引。不过，目前尚无基于互动导向视角的服务创新研究，互动导向对服务创新绩效的影响机制还不明确，因此，本书将基于互动导向这一新的视角探索提高企业服务创新绩效的新途径，以期为企业可持续发展提供有益的参考与借鉴，并为服务创新研究做出独特贡献。

2.3 互动导向文献综述

2.3.1 互动导向概念解析

鉴于顾客需求差异化的增加和企业盈利的压力，在借助于信息技术发展的基础上，Ramani 和 Kumar[15]提出了互动导向理念，并将其定义为："企业通过与个体层面的顾客①进行互动，从中获取信息，以建立长期的、能为企业带来盈利的顾客关系的能力"。另外，Ramani 和 Kumar[15]还通过实证分析开发了互动导向量表，将其划分为顾客观念（customer concept）、互动响应能力（interaction response capacity）、顾客授权（customer empowerment）和顾客价值管理（customer value management）四个维度：

顾客观念是指企业基于个体层面，而不是群体层面，对顾客开展营销活动，通过鉴别不同顾客的不同需求，为其提供个性化和差异化的产品和服务。包括以下三个测量题项："公司认为并不是每个顾客都会对同一系列的产品和服务满意""公司会自觉的逐一识别和获取新顾客""公司认为应该从个体层面观察每个顾客对于营销活动的反应"。

互动响应能力是指企业在为顾客提供持续的产品、服务和体验的过程中收集每位顾客详细的交易信息，以此来分析和预测顾客需求变动，提高企业对顾客交易的动态掌控能力，并通过有效预测顾客未来需求变化而进行差异化响应的能力。研究使用以下四个题项进行测量："公司有专门的系统记录每个顾客的交易信息""公司能够识别每个顾客交易信息""公司能够从个体层面通过分析顾客以前的交易以预测其未来的交易""公司可以随时获取每个顾客的交易信息"。

顾客授权是指企业鼓励顾客参与到产品和服务的开发与销售等营销过程中来，分享顾客的看法与体验。企业主要在以下两个方面中授权顾客参与：一是与企业交流和交易的方式；二是在产品、服务和政策等方面的信息共享、表扬、批评和建议的程度。研究使用以下三个题项进行测量："公司鼓励顾客同公司分享他们对于公司产品或服务的看法""公司鼓励顾客同其他顾客分享他们对于公司产品或服务的

---

① 此处的顾客既包括消费者，也包括企业。

看法""公司鼓励顾客参与产品和服务的设计"。

顾客价值管理是指企业对个体顾客价值进行衡量和预测,以科学分配企业资源。依托先进的信息技术,通过对顾客过去价值、顾客生涯价值、购买频次、购买额度、货币价值等信息的统计分析,可以帮助企业准确测量出在每次营销活动之中,每位顾客所能为企业带来价值的大小,进而用以指导企业决策,提高企业效益。研究使用以下三个题项进行测量:"公司非常清楚每个顾客对公司利润的贡献""公司能够预测每个顾客未来对公司利润的贡献""公司能够统计出每次营销活动中每位顾客为公司带来的收益"。

由此可见,互动导向的核心思想是树立顾客观念,构建快速的互动响应能力是互动导向对企业能力的要求,进行顾客授权和顾客价值管理则是互动导向要求企业采取的具体措施。也就是说,互动导向是一个复杂的构念,涵盖对企业的思想、能力和行动等多方面的要求,体现了企业文化和企业行动的有机结合,管理理念与管理实践的科学统一。

2.3.2 互动导向的影响研究

Ramani 和 Kumar 于 2008 年提出互动导向理论并开发了互动导向量表,还实证了互动导向对公司绩效具有显著的正向影响[15]。之后,我国学者在他们研究的基础上进行了一系列的后续研究,如李光明等阐述了互动导向对体验式营销的积极作用[159]。陈昊雯等也通过构建理论模型,推导出了互动导向对基于顾客的创新绩效的正向影响[35]。Liang 和 Zhang 收集 628 个在饭店用餐的居民意见实证了互动导向对顾客满意度和顾客行为的积极作用[160]。刘艳彬和袁平[161]、吴兆春和于洪彦[162]分别以中国企业为样本,检验了互动导向对基于顾客的关系绩效和基于顾客的盈利绩效的正向影响。杜运周和张玉利以新企业为例,验证了互动导向对新企业成长的正向影响[163][164]。田宇和杨艳玲以服务企业为例,验证了互动导向对服务创新绩效的正向影响[37,165]。韩飞和许政检验了互动导向对企业创新意愿和创新能力的积极影响[33]。吴兆春等检验了互动导向对开发性创新和探索性创新的正向影响[34]。卫海英和杨国亮对互动导向下的品牌建设做出了一些探索,并验证了互动导向对创新绩效的积极影响[166-168]。

另外,有部分学者对互动导向的影响边界进行了探索性的研究。市场环境是指企业外部环境的变化频率和不可预测性,通常包括市场震荡、技术震荡和竞争强度三个维度:市场震荡是指竞争者行为与顾客需求的变化速度,技术震荡是指行业内技术变动的速度,竞争强度是指市场竞争的激烈程度[169]。作为组织管理研究中重要的权变因素,市场环境研究一直备受学者们关注。目前,刘艳彬和袁平以124家酒店服务企业为例进行实证研究,发现竞争强度在互动导向和企业盈利绩效之间具有显著的调节作用,在互动导向和企业关系绩效之间的调节作用却不显著,而市场震荡和技术震荡两个维度则在以上两种关系中的调节作用都不显著[161]。吴兆春和于洪彦以107家中国企业为例,对互动导向与公司绩效之间关系在不同市场环境中的稳定性进行了检验,发现市场震荡、技术震荡和竞争强度三个维度在互动导向和公司绩效之间的调节作用皆不显著[162]。

笔者将近年来关于互动导向与其他变量间的关系研究的相关文献汇总于表2-7中。

表2-7　　　　　　　　　　互动导向相关研究

研究主题	研究文献
互动导向与企业绩效(基于顾客的关系绩效和基于顾客的盈利绩效)	Ramani 和 Kumar (2008); 袁平 (2010); 刘艳彬和袁平 (2012); 吴兆春和于洪彦 (2013); 吴兆春等 (2013)
互动导向与顾客满意	李光明等 (2010); Liang 和 Zhang (2011)

续表

研究主题	研究文献
互动导向与新企业绩效	杜运周和张玉利（2011；2012）
互动导向与创新绩效	陈昊雯等（2011）； 杨国亮和卫海英（2014）
互动导向与新产品绩效	韩飞（2012）
互动导向与服务创新绩效	田宇和杨艳玲（2014；2015）
互动导向与创新能力	韩飞和许政（2012）； 韩飞（2012）
互动导向与品牌建设	杨国亮（2011）； 卫海英和杨国亮（2012）； 赵相如（2013）； 杨国亮和卫海英（2014）
市场环境在互动导向与企业绩效之间的调节作用	刘艳彬和袁平（2012）； 吴兆春和于洪彦（2013）

资料来源：笔者整理。

2.3.3 互动导向相关研究评述

总体来看，目前关于互动导向的研究已经展开，但仍处于起步阶段，还缺乏一定的深入研究：

第一，对互动导向的内涵界定与维度测量还有待进一步研究。目前关于互动导向的研究才刚刚起步，因此应结合新时代的发展背景对互动导向的内涵进行深入的探索与挖掘，特别是基于多理论视角展开研究，以便为市场营销理论做出更大贡献。另外，现有关于互动导向实证研究的文献皆借鉴和采用了 Ramani 和 Kumar 在 2008 年开发的互动导向量表，虽然在各实证研究中皆通过了统计验证，但如果能够结合我国特殊国情，以我国企业为样本进行量表开发，无疑将对我国企业的可持续发展具有更加重要的理论与现实意义。

第 2 章 理论基础和文献综述

第二，互动导向与各结果变量（如企业绩效、创新绩效等）间的影响路径与作用机制还有待进一步的深入研究。现有学者初步对互动导向与各结果变量间的关系进行了探索，但不论是对于中介变量的研究，还是调节变量的研究，都还不够充分，为了更好地指导企业实践，今后学者们应进一步加强开展互动导向与其他结果变量间的影响路径与作用机制研究。

第三，缺乏不同行业间的对比研究。最初关于互动导向的实证研究多以制造企业为样本，更多关注产品创新，后来卫海英和骆紫薇[170]、田宇和杨艳玲[37,165]等学者开始针对服务企业进行了一些研究，不过目前尚无针对不同行业间实施互动导向有何差异的对比研究，这也将是未来研究的一个方向。

第四，缺乏针对互动导向不同维度的细化研究。既然将互动导向界定为一个多维度构念，那么不同维度之间以及不同维度对于企业绩效等结果变量的影响是否存在差异呢？未来研究可以考虑基于维度的视角进一步细化对于互动导向的相关研究。

结合本书的研究进行讨论：正如前所述，顾客在服务创新中的作用日益受到重视，其中"顾客参与"是现有的服务创新研究中的热点之一[27]，然而现有研究更多在于从理论上阐述和强调顾客参与对服务创新的重要性，对于如何激励顾客参与、如何与顾客互动，又如何在互动中实现价值共创等内在机制问题却缺乏深入的探索，而显然后者的相关研究将更具有理论和实践指导意义。结合互动导向的内涵可知，互动导向正是为顾客参与和顾企互动以实现价值共创提供了方向性指引。不过目前尚无基于互动导向视角的服务创新研究，关于互动导向如何促进服务创新、其中间机理是什么、又是否存在边界条件等问题还尚未得到解答。因此本书将基于互动导向这一新视角对服务创新绩效的影响机制展开研究，以期为新时代背景下的企业服务创新提供有益的理论与实践指导。

2.4 吸收能力文献综述

由于恰好处在资源基础理论和动态能力理论的交汇点上，并与组织学习、知识管理等热点理论形成相互补充和促进的态势，为解释企业的资源配置和绩效问题提供了新的视角与思路，因此吸收能力理论已成为组织和战略管理研究领域的重要的理论之一[171]。现有相关研究主要聚焦于吸收能力的概念界定与测量、前因变量研究、后果影响研究和将吸收能力作为战略性概念（strategic concept）的边缘性研究[172,173]，涉及组织理论、创新理论和战略管理理论等多个领域[174]。

2.4.1 吸收能力的概念研究

关于吸收能力的概念界定与测量，目前尚无统一定论。众多学者结合自己研究的背景从不同视角对吸收能力进行了研究。Cohen 和 Levinthal 于 1990 年在 "*Administrative Science Quarterly*"（《管理科学季刊》）期刊上发表一篇题为 "*Absorptive Capacity*：A New Perspective on Learning and Innovation"（《吸收能力：学习与创新的新视角》）的文章，首次提出了吸收能力的概念，将其界定为：企业认识（identification）、消化（assimilation）和运用（exploitation）外部新知识的能力[175]。另外，他们还指出这种能力会受组织原有的知识水平、组织个体成员的吸收能力和组织内部分享知识的能力三个方面的影响。后来的很多学者皆参考和沿用了 Cohen 和 Levinthal 对吸收能力这一概念的定义，如 Mowery 和 Oxley 认为吸收能力是指企业处理隐性知识和利用外部知识的过程中所具备的技能[176]。Kim 则将吸收能力定义为组织学习和解决问题所进行的努力，包括组织原有知识和努力程度两个方面[177]。Van den Bosch 等构建了一个吸收能力的演化框架，描述了吸收能力从微观层次到宏观层次的演化过程,如图 2-1 所示,其中路径①、②和③用以说明企业以以前的相关知识为基础,通过促进组织模式的改变和整合能力的改变而形成组织期望的微观循环过程,路径④和⑤解释了组织期望与知识环境的相互作用和影响的宏观循环过程[178]。

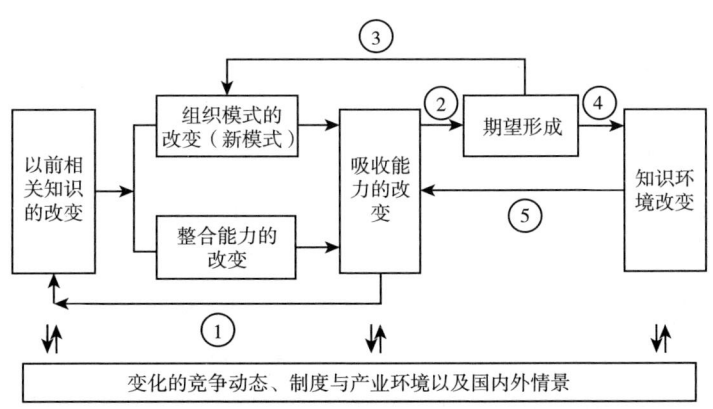

图 2-1 吸收能力与知识环境的协同演化框架

Lane 等从过程的角度将吸收能力定义为企业对获取的外部知识的努力和利用,包括三个连续的过程:探索性学习(exploratory learning)、转化性学习(transformative learning)和利用性学习(exploitative learning),他们还指出学习的能力应与组织现有的知识相结合,将企业吸收能力由静态推向动态[179]。Flatten 等将吸收能力定义为组织识别、吸收和应用外部知识的能力,并将其划分为信息获取、信息吸收、知识转化和知识利用四个维度[180]。Zahra 和 Ceorge 在 2002 年的研究中指出 Cohen 和 Levinthal 以及后来学者们对吸收能力的定义太过抽象,对吸收能力的维度划分不够明确,从而不便于操作化研究,因此 Zahra 和 Ceorge 针对以上问题进行了更深入的研究,将吸收能力定义为:企业获取、消化、转换和应用知识以产生组织动态能力的一系列惯例和流程,包含知识获取(knowledge acquire)、知识消化(knowledge assimilate)、知识转化(knowledge transform)和知识应用

(knowledge exploit) 四个维度,他们还将四个维度再次划分为潜在吸收能力(包括知识获取和知识消化)和现实吸收能力(包括知识转化和知识运用)两大类别,并指出两者是既相互独立又相互补充,有机构成组织的一种动态能力[36]。Zahra 和 George 对于吸收能力维度的划分得到后来众多学者的认可和引用,对推动吸收能力研究的发展做出了巨大贡献,具有重要的理论与现实意义。

国内学者也对吸收能力的概念与维度划分展开了积极的探索,如王雎在总结前人研究的基础上,对吸收能力构念进行了解构和再构建,将其界定为:一种存在于组织合作关系中的一种情景嵌入性能力[173]。张洁等则将吸收能力定义为组织从外部环境中感知变化,进而对外部知识进行获取、消化、吸收和转化,最终应用于商业的能力[181]。王天力和张秀娥对国内外学者关于吸收能力构念的理解误区进行了深入解读,然后基于动态过程和能力的视角将吸收能力定义为:"企业识别和评价、消化和转化外部的新知识,并通过知识整合,将新知识应用于商业产出的动态过程的能力"[171]。在表 2-8 中笔者对以上观点进行了整理和汇总。

表 2-8　　　　　　　吸收能力的定义与维度研究

研究文献	概念界定	维度划分
Cohen 和 Levinthal (1990)	企业认识、消化和运用外部新知识的能力	评价知识的能力
		消化能力
		应用于商业化的能力
Mowery 和 Oxley (1995)	处理转移技术的隐性部分和将外部知识转化为内部应用能力的一系列技能组合	员工技术水平
		科研人员所占比例
		科研投入
Dyer 和 Singh (1998)	企业从其合作伙伴处识别和消化有价值知识的能力	共同知识基础
		组织惯例
Kim (1998)	组织学习和解决问题的技能	原有知识基础
		员工努力学习的程度

续表

研究文献	概念界定	维度划分
Zahra 和 George（2002）	组织获取、消化、转换和应用知识以产生组织动态能力的一系列惯例和流程	知识获取
		知识消化
		知识转化
		知识应用
Lane 等（2006）	组织通过三个重要的学习过程所应用外部知识的能力	探索性学习
		转化性学习
		利用性学习
Murovec 和 Prodan（2009）	基于 Cohen 和 Levinthal（1990）的定义	科学推动型
		需求拉动型
Flatten 等（2011）	组织识别、吸收和应用外部知识的能力	信息获取
		信息吸收
		信息转化
		信息利用
王睢和罗珉（2008）	一种嵌入在合作组织之间的跨组织能力	企业自身吸收能力与企业间对偶关系的函数
李贞和杨洪涛（2012）	参考 Zahra 和 George（2002）的定义	潜在吸收能力
		现实吸收能力
王天力和张秀娥（2013）	识别和评价、消化和转化外部新知识，并通过知识整合，将新知识应用于商业产出的动态过程的能力	识别评价能力
		消化和转化能力
		整合应用能力

资料来源：笔者整理。

2.4.2 吸收能力前因影响研究

Zahra 和 George 研究显示外部知识与经验多样化和重叠程度会对企业吸收能力产生影响[36]。Mahnke 指出人力资源管理实践、知识管理工具会在很大程度上对企业吸收能力造成影响。Lane 等研究发现知识资源、补偿措施、组织结构的相似性、组织间的信任和处理问题的相似性皆会对组织的吸收能力产生显著影响。Tsai 研究显示部门研发密度决定了企业的吸收能力。

我国学者刘常勇和谢洪明研究发现，研发投入、学习强度和学习方法、先验知识的存量和内涵、组织学习机制等皆会对企业吸收能力产生影响[182]。崔志等研究发现，组织内部人力资本水平、企业先验知识、组织内部管理因素、组织活动水平和组织外部社会资本皆对吸收能力具有重要影响，而组织知识吸收意愿对吸收能力的影响则不显著[183]。马国勇等以高新技术企业为例，基于 PLS – SEM 算法对吸收能力的影响因素进行了研究，结果发现企业研发活动、知识存量、组织创新气氛和组织学习等内源影响因素均对吸收能力具有显著的正向影响，企业网络规模和网络强度等外源联结因素对吸收能力具有显著的正向影响[184]。张洁等研究发现，以创新战略为导向、构建柔性化的组织结构将有利于提高企业吸收能力[181]。笔者将吸收能力前因变量的相关研究汇总于表 2 – 9 中。

表 2 – 9　　　　　　　吸收能力的前因影响研究

研究结论	研究文献
知识资源、补偿措施、组织结构的相似性、组织间的信任和处理问题的相似性	Lane 等（2001）
部门研发密度	Tsai（2001）
外部知识与经验多样化和重叠程度	Zahra 和 George（2002）
内部信息配置	Lenox 和 King（2004）
人力资源管理实践、知识管理工具	Mahnke（2005）
研发投入、学习强度和学习方法、先验知识的存量和内涵、组织学习机制	刘常勇和谢洪明（2003）
组织内部人力资本水平、企业先验知识、组织内部管理因素、组织活动水平和组织外部社会资本皆对吸收能力具有重要影响，组织知识吸收意愿对吸收能力的影响不显著	崔志等（2008）
组织结构柔性、创新战略皆对吸收能力具有正向影响	张洁等（2012）
研发活动、知识存量、组织创新气氛、组织学习、网络规模和网络强度	马国勇等（2013）

资料来源：笔者整理。

2.4.3 吸收能力后果影响研究

在吸收能力的后果影响研究中，吸收能力与创新绩效间的关系受到学者们的广泛关注，笔者将其划分为以下几种类型：（1）直接或者间接影响研究。如 Chen 等[185]和 Murovec 等[186]皆验证了吸收能力对产品创新绩效具有显著的直接正向影响。Mariano 和 Pilar 研究发现吸收能力对创新绩效具有显著的直接正向影响[187]。Konstantinos 等[188]在发现吸收能力对创新绩效具有直接正向影响的同时，发现吸收能力对财务绩效只具有间接影响。李贞等[189]和简兆权等[190]的研究则发现吸收能力并不能直接对创新绩效产生影响，而是通过知识整合的中介作用对创新绩效产生间接积极作用。（2）调节作用研究。如 Wenpin 研究显示吸收能力在网络位置与创新绩效之间发挥调节作用[191]。Wang 和 Han 研究发现吸收能力在知识资产与创新绩效之间关系之中发挥显著的调节作用[192]。学者戴勇和朱桂龙类似验证了吸收能力在社会资本与创新绩效之间的正向调节作用[193]。（3）中介作用研究。如张洁等研究发现吸收能力在创新战略与创新绩效之间发挥中介作用[181]。解学梅和左蕾蕾研究发现吸收能力在创新战略与创新绩效之间发挥中介作用[194]。Bertrand 和 Mol 的研究发现：吸收能力在市场导向与企业绩效之间发挥中介作用[195]。Sciascia 等类似地发现了吸收能力在创业导向与企业绩效之间发挥中介作用[196]。（4）倒"U"形关系研究。如 Stock 等[197]采取计算机企业 24 年的面板数据进行实证分析，研究结果显示吸收能力与产品创新绩效之间存在倒"U"形关系。苏中锋等[198]的研究则发现吸收能力与产品创新绩效和产品创新性之间皆存在倒"U"形关系。（5）其他研究。如 Lane 等[199]则发现吸收能力的不同维度对企业绩效具有不同的作用。Fosfuri 等[200]研究发现只有潜在的吸收能力才是企业实现创新竞争优势的重要来源。笔者将关于吸收能力后果影响变量的代表性研究汇总于表 2－10 中。

表 2-10　　吸收能力后果影响研究

变量关系	研究主题	参考文献
直接影响	吸收能力对创新绩效具有直接正向影响	Mariano 和 Pilar（2005）；Konstantinos 等（2011）
	吸收能力对产品创新绩效具有直接正向影响	Chen 等（2009）；Murovec 和 Prodan（2009）
间接影响	吸收能力通过知识整合的中介作用对创新绩效产生间接积极作用	简兆权 等（2008）；李贞和杨洪涛（2012）
调节作用	吸收能力正向调节网络位置与创新绩效的关系	Wenpin（2001）
	吸收能力对知识资产与创新绩效之间的关系具有调节作用	Wang 和 Han（2011）
	吸收能力对社会资本与创新绩效之间存在显著的调节效应	戴勇和朱桂龙（2011）
中介作用	吸收能力在创新战略与创新绩效之间发挥中介作用	张洁等（2012）
	吸收能力在企业协同创新网络特征与创新绩效之间发挥中介作用	解学梅和左蕾蕾（2013）
	吸收能力在市场导向与企业绩效之间发挥中介作用	Bertrand 和 Mol（2013）
	吸收能力在创业导向与企业绩效之间发挥中介作用	Sciascia 等（2014）
倒"U"形	吸收能力与产品创新绩效之间存在倒"U"形关系	Stock 等（2001）
	吸收能力与产品创新绩效和产品创新性之间皆存在倒"U"形关系	苏中锋和李嘉（2014）
其他	吸收能力的不同维度对组织学习与企业绩效具有不同影响	Lane 等（2001）
	潜在的吸收能力是企业实现创新竞争优势的重要来源	Fosfuri 和 Tribo（2008）
	吸收能力的不同维度对流程创新绩效具有不同的作用机制	周文光（2013）

资料来源：笔者整理。

2.4.4 吸收能力相关研究评述

总结目前关于吸收能力的相关研究，虽然已受到众多学者的关注并进行了一系列的研究，但现有很多研究的结论尚不一致，还存在一些不足之处，有待今后研究进行进一步的改进和探索：

第一，目前关于吸收能力的概念界定和维度测量还存在诸多争议，这在一定程度上影响了吸收能力的后续研究[201]，因此未来学者们应充分结合当今时代背景，进一步对吸收能力的概念进行更加科学的界定并开发出更具操作性的吸收能力量表。

第二，目前关于吸收能力前因变量和后果影响研究的结论尚不一致，且差异明显，因此研究推断很可能是因为吸收能力与其他变量之间存在着比较复杂的内部作用机制，如受到一些中介变量或者调节变量的影响等[202]，或者是由于吸收能力的不同维度对企业绩效等结果变量具有差别化的影响，等等。这些问题有待学者们构建更加科学、完善的研究模型展开更加深入和细致的探索。

第三，基于不同的研究视角，或者基于不同的理论基础，研究可能会得出不同的研究结论，也就是说，科学研究是一个持续的过程，因此学者们应结合不同时期理论与实践发展的背景对于吸收能力展开持续的、权变的研究，以便不断为企业管理提供有益的参考和借鉴。

结合本书的研究进行讨论：一方面，进入服务经济时代，市场的开放性和环境的不确定性进一步增强，企业必须在更广范围和更深层次上进行外部信息收集、内部吸收与转化和将转化后的新知识迅速运用于创新实践，通过打造企业良好的动态能力以实现企业对动态市场环境的快速响应，才能获取市场竞争优势，所以对企业吸收能力提出了更高要求；另一方面，不同于产品创新的技术导向性和可复制性，服务创新具有鲜明的顾客导向性和情景依赖性[203]，所以企业应特别关注顾客相关信息的收集与吸收，而很多与顾客相关的信息（如顾客的专有知识、顾客的潜在想法等）往往为半结构化和非结构化的数据，且具有一定的内隐性，需要企业在与顾客建立良好关系和深入交流的基础之上才能够获取，并且需要经过企业更强的内部信息分析与处理才能使之转化为可以利用的有效信息，这同样也对企业的吸收能力提出了更高要求[204]。由此可见，新时代背景下企业进行服务创新应更加注重提高企业吸收能力，吸收能力对企业服务创新绩效的影响和作用机制也亟须得到明确。然而统观现有吸收能力的相关研究，更多研究主要针对产品创新展开，对于服务创新的影响研究则比较缺乏，更是缺乏基于互动导向视角的实证研究，吸收能力对于服务创新绩效的影响以及吸收能力在互动导向与服务创新绩效关系中的作用机理如何还不明确，亟须学者们对此展开相关的理论探索与实证分析[205]，因此，本书拟将吸收能力作为中介变量纳入互动导向与服务创新绩效的关系之中进行实证分析，以便为新时代的服务创新做出独特贡献。

2.5 主动改善文献综述

近年来，随着市场竞争的日益加剧，企业间的竞争空前激烈和残酷，越来越多的企业不得不改变以往被动响应性应对的状态，开始积极主动地为顾客提供改善性服务，主动改善开始受到企业关注。不过，目前学术界对于主动改善的研究还比较缺乏，总结现有关于主动改善的研究，相关英文文献只有7篇（截至2015年10月8日），中文文献仅有一篇，所以不论是理论分析还是实证研究皆比较缺乏[206]。下面笔者将简要对现有的主动改善的相关文献进行介绍。

Wallenburg 在2009年的研究中对物流服务企业的创新进行了总结和分类，将服务创新划分为企业内部的创新和与顾客相关的创新，其中，与顾客的创新又分为群体顾客创新和个体顾客创新，而对于个体顾客创新来说，又包括被动地响应性的改善和积极的主动改善。进一步，Wallenburg 将主动改善定义为：一种针对个体顾客的、积极主动的服务创新活动，倡导企业为顾客提供义务之外的增值服务并进行持续的改进与创新以帮助企业赢得竞争优势。Wallenburg 认为：一方面，随着市场不确定性的进一步提高，仅仅依靠被动地响应市场变化很容易致使企业因丧失市场先机而落后，再加上顾客消费理念的日益成熟，优质的服务本身只能保证顾客没有不满意，只有义务之外的增值服务才能使顾客产生满意；另一方面，由于最初服务设计者的有限理性、企业有限资源的限制、知识和技术的更新、顾客需求的变化和企业经验增长等原因，所有服务都具有一定的生命周期，而且随着竞争的加剧，服务的生命周期呈现缩短趋势，因此，唯有进行持续的改进和创新才能不断地为顾客提供满意服务，从而保持企业的市场优势地位。另外，他以 298 家物流外包企业为例进行实证分析，验证了主动改善对提高顾客忠诚度的积极作用[207]。Wallenburg 等在 2010 年又以 220 家德国物流外包公司和 250 家美国物流外包公司为样本，验证了主动改善对物流外包绩效的积极作用[207]。

　　Wallenburg 和 Lukassen 同样实证了主动改善对顾客忠诚度的积极影响，并进一步检验了市场动态性的调节作用[206]。他们认为：首先，在激烈的市场竞争中，当顾客面临多种选择而犹豫不决时，通过主动为顾客提供有价值的附加服务，主动改善有利于企业争取到那些机会主义导向的顾客；其次，顾客需求具有不确定性和变动性，通过持续的服务改进和创新，主动改善有助于企业时刻把握顾客的动态需求；再次，创新难免会有失败，通过为顾客提供义务之外的增值服务和进行持续的改进和创新，主动改善有助于企业构建良好的顾企关系，从而有效降低创新的不确定性和负面影响。在 Wallenburg 和 Lukassen 的实证分析中，他们将主动改善划分为主动的成本改善（proactive cost improvement）和主动的性能改善（proactive performance improvement）两个维度，将顾客忠诚划分为顾客保留（retention)、顾客延伸（extension）和顾客推荐（referral）三个维度，然后收集298家制造和零售等企业信息进行分析，研究结果显示，企业进行主动改善有利于获取顾客忠诚，并且这种影响受到市场动态性的调节，即在比较激烈的市场动态环境中，主动成本改善比主动的性能改善更有利于提高顾客忠诚，在相对平稳的市场动态环境中，主动的性能改善比主动的成本改善更有利于提高顾客忠诚。他们还指出，未来的研究可以考虑文化因素的调节作用，或者探索促进主动改善和企业创新管理的前因变量，以及如何更加有效地对顾客进行主动改善[206]。

  Deepen等认为创新就是个体企业或群体组织的一些新的想法、做法或者目标。物流企业建立联盟关系的主要目的在于借助于合作伙伴的能力来提高企业自身的市场竞争力，因此持续的改进是维持企业间战略伙伴关系的一个关键因素。对于第三方物流企业来说，物流外包企业既是其合作伙伴，也是其顾客，与其开展良好的交流与合作能够帮助企业更好地了解其需求特征，及时感知其需求的变动，甚至发现其潜在需求等，从而帮助企业通过提供差异化的服务来达到顾客满意，通过持续的服务改进和创新来获取顾客忠诚，最终为企业带来良好绩效[208]。于是，他们以德国物流服务企业为样本进行实证分析，研究结果表明：企业与顾客间的交流与合作皆有助于企业开展主动改善，而进行主动改善则不仅有利于企业目标达成（goal achievement），还有利于企业实现目标超越（goal exceedance），可以显著提高物流企业的外包绩效[203]。之后，Krizman以斯洛文尼亚的供应商与零售商为例进行实证分析，再次验证了主动改善对企业目标达成和目标超越的显著正向影响[209]。

  依据社会交换理论和顾客价值理论，企业进行主动改善的重要驱动力在于期望当前的超额付出能够在未来获得更加丰厚的回报，因此，企业进行主动改善，便是期望通过为客户提供义务之外的增值服务来获取顾客忠诚，保证企业的长远利益[206,210]。Mcneilly等研究发

第 2 章 理论基础和文献综述

现,通过为顾客提供额外的价值,即进行主动改善,可使顾客愉悦,这种愉悦不仅是更高水平的满足,还会产生顾客忠诚。另外,这种情况不仅适用于 B2C 的企业,对 B2B 的企业同样适用[211]。Wagner 研究也同样发现,主动改善可以帮助企业构建良好的顾客关系,不仅有利于提高企业当前的绩效,还可以保证企业的长远利益[212]。研究将主动改善的相关研究文献汇总于表 2–11 中。

表 2–11　　　　　　　　　　主动改善相关研究

研究主题	研究文献
主动改善可以帮助企业构建良好的顾客关系,这不仅有利于提高企业当前的绩效,还可以保证企业的长远利益	Wagner(2006)
主动改善可使顾客愉悦,这种愉悦不仅是更高水平的满足,还会产生顾客忠诚	Mcneilly 等(2008)
主动改善则不仅有利于企业目标达成,还有利于企业实现目标超越,可以显著提高物流企业的外包绩效	Deepen 等(2008)
主动改善对企业目标达成和目标超越具有显著正向影响	Krizman(2009)
主动改善有利于提高顾客忠诚度	Wallenburg(2009)
主动改善对物流外包绩效具有正向影响	Wallenburg 等(2010)
企业进行主动改善有利于获取顾客忠诚,并且这种影响受到市场动态性的正向调节	Wallenburg 和 Lukassen(2011)

资料来源:笔者整理。

综上所述,目前关于主动改善的相关研究还比较少,且集中于物流服务行业,关于主动改善概念的解析、变量的测量、前因变量和后果影响等诸多方面都还缺乏深入探索。本书认为,与互动导向的核心思想相一致,主动改善也是以个体层面的顾客为对象,而强调持续改进则符合服务创新的题中之意,因此主动改善很可能在互动导向与服务创新绩效之间发挥着某种机制作用,因此研究将主动改善纳入互动导向与服务创新绩效的关系之中进行实证分析,以检验主动改善在提高企业服务创新绩效中的适用性,促进主动改善的证实与推广,为企业可持续发展做出独特贡献。

本章小结

本章主要包括两大部分,第一部分主要介绍了本书所依托的主要理论,包括价值共创理论、社会资本理论和动态能力理论等,通过对各理论发展历史脉络的论述,对各理论发展的分支与流派进行归纳与总结,奠定本书的研究理论基础。第二部分主要是围绕本书所涉及变量展开文献综述,即分别对互动导向、吸收能力、主动改善和服务创新绩效的概念解析和维度划分、前因变量和后果影响等方面展开论述,在此基础上对目前的研究进行了总结,指出现有研究的不足之处和未来研究的方向,引入本书研究的切入点。本章内容为之后研究假设的提出和理论研究框架的构建奠定了坚实的理论基础。

互动导向对服务
创新绩效的影响
机制研究
Chapter 3

第 3 章　研究假设

依据第 2 章的理论基础与文献综述，本章将对互动导向、吸收能力、主动改善和服务创新绩效等变量间的关系展开逻辑推导，提出相关研究假设，构建本书的理论研究框架。

3.1　互动导向对服务创新绩效的影响

Ramani 和 Kumar 通过实证研究发现：企业实施互动导向，既有利于提高基于顾客的盈利绩效，也有利于提高基于顾客的关系绩效，而且这种积极作用对于 B2B 企业和 B2C 企业皆适用[15]。李光明等通过理论剖析，得出实施互动导向有利于企业开展良好的体验式营销的研究结论[159]。陈昊雯等也通过构建理论模型，推导出了互动导向对基于顾客的创新绩效具有显著的正向影响[35]。Liang 和 Zhang 收集 628 个在饭店用餐的居民意见进行实证研究，检验了互动导向对顾客满意度、刺激顾客消费和激励顾客参与行为的积极作用[160]。田宇和杨艳玲采集 254 家服务企业进行实证研究，验证了互动导向对服务创新绩效的正向影响[37,165]。韩飞和许政选取 120 家吉林省企业进行实证研究，实证检验了互动导向对企业创新意愿和创新能力的积极影响[33]。吴兆春等则选取 100 家珠三角地区的企业进行实证研究，检验了互动导向对开发性创新和探索性创新的正向影响[34]。卫海英和杨国亮对互动导向下的品牌建设进行了探索，发现高质量的互动能够增进顾客对企业品牌的信任，有利于提高企业防范和应对危机的能力[167]。

服务经济时代，企业进入以价值为中心的精准营销时代，除了基于理性对顾客需求进行精准定位，还要基于感性关注消费者内心深处的渴望，如此才能获取顾客满意和忠诚，帮助企业提高服务创新绩效，作为营销理念的新发展，互动导向充分体现了网络经济的时代发展要求，因此，在大数据环境中和价值共创模式下以互动导向为指导

第 3 章 研究假设

进行服务创新可能是一种有效方式:

第一,服务创新具有鲜明的顾客导向性和情景依赖性[26],因此顾客在服务创新中具有不可替代的重要作用,只有树立以顾客为中心的思想,致力于探寻和满足顾客的真实需求[213],才能提高企业新服务开发的成功率和市场推广率[214],进而提高企业服务创新的效率,帮助企业获取良好的服务创新绩效。随着服务经济的进一步发展,顾客需求日益多样化和个性化,定制化服务越来越受到市场欢迎,顾客的潜在需求更加隐秘,顾客之间需求的差异性也更加明显,以往市场导向指导下针对群体顾客展开的信息收集便不再能够满足企业决策的需求,而互动导向正是以顾客观念为核心思想,将顾客放在重要的战略位置,认为相同的产品或服务是不能够令所有顾客满意的[15],因此倡导企业基于个体层面对市场进行细分,努力收集更加全面和详细的顾客交易信息和需求信息,然后再辅助以先进的数据分析技术,深入挖掘营销大数据背后蕴含的有用信息和市场价值,以便更加准确地把握每位顾客的需求特征和顾客间的需求差异,有效开展精细营销,通过提供差异化和个性化的服务来获取顾客满意和忠诚[215]。

第二,依据社会资本理论,打造良好的顾客关系,促进企业与顾客、顾客与顾客之间的信息与资源交换,有利于扩大企业的社会关系网络,从而帮助企业积累丰厚的社会资本,为企业创新提供更加有力的支持。另外,依据价值共创理论,顾客是价值的共同创造者[39],正如 Lengnick-Hall 所指出的,顾客在服务创新过程中不仅仅是新服务的购买者和使用者,同时还是服务创新的资源提供者和共同生产者[11]。互动导向正是指导企业对顾客进行充分授权,特别是积极借助社会化媒体不断增强与顾客的互动,积极鼓励顾客参与企业产品或服务的设计、鼓励顾客与企业分享其对产品或服务的看法和体验、鼓励顾客同其他顾客分享其对产品或服务的看法和体验等,允许顾客自由选择与企业交流和交易的方式,鼓励顾客与企业分享相关产品、服务和政策方面的信息,虚心接受顾客的表扬、批评和建议等,促使顾客在更广范围和更深层次上参与到企业服务创新过程中来[216]。如此，一则有利于企业详细了解顾客的偏好和体验等相关信息，帮助企业提高服务创新的针对性；二则有利于增强顾客的主人翁意识，使顾客更加容易使用和接受新服务，促进新服务的市场推广，缩短服务开发周期；三则可以有效激活和释放顾客的潜在需求，甚至是激发顾客思维以获取良好创意，从而为企业服务创新提供良好的智力支持，促进服务创新项目的开发。

  第三，依据动态能力理论，企业内部资源的有限性往往很容易成为制约企业发展的"瓶颈"，所以企业必须学会积极利用企业外部的无限资源，特别是顾客这种宝贵的工具性资源，以便为企业可持续发展提供不竭动力。此外，良好的动态能力还能够帮助企业保持市场敏感性，以便对动荡的市场环境进行快速响应，帮助企业迅速把握商机并抢占先机。随着科技的发展和企业竞争的加剧，市场信息流的传播速度不断加快，市场环境的不确定性进一步增加，正如思科的CEO钱伯斯所说，企业开始由"大鱼吃小鱼"的时代进入"快鱼吃慢鱼"的时代，唯有对市场机会和顾客需求进行快速反应才能获取竞争优势。互动导向要求企业与顾客开展频繁的交流与互动，以便在持续性的互动中及时获取顾客对新服务的看法和体验，然后通过详细记录顾客交易信息以建立完善的顾客信息管理系统，从而实现对顾客需求变动的动态掌握，如此，不仅能够帮助企业及时发现服务过程中出现的问题并进行改进和完善，有效地避免市场信息延迟和失真等造成的负面影响，实现低成本的舆论监控，降低企业服务创新的成本和风险，而且有利于企业及时察觉顾客新的需求信息而迅速开发新服务项目，甚至是总结出顾客需求变动规律而对未来市场需求进行一定程度的预测，从而提高企业的市场感应能力与应对能力，帮助企业打造快速响应能力并将这种"速度"有效地转化为市场机遇和企业盈利。

  第四，在以往的市场导向指导下，企业通常以群体顾客为对象进行数据收集，信息杂质较多、利用率较低，使企业很难对单个顾客为企业带来的价值进行估计，而在互动导向指导下，企业基于个体层面对顾客信息进行收集，并能够形成对顾客所有交易的纵向动态把握，信息收集详细且全面，再借助于先进的信息技术，以完善的顾客信息管理系统为平台展开深入的数据挖掘和分析，使企业能够明确地对每次营销活动中每位顾客所能为企业带来的收益进行精确测量，从而有效地打破以往营销生产力难以测量的困境，为企业决策提供更加有效的指导和借鉴[165]，帮助企业制定更加科学的营销战略，更加合理地分配有限资源，从而提高企业的投资回报率和利润[160]。

综上所述，研究推断互动导向对服务创新绩效具有积极作用，提出假设：

H1：互动导向对服务创新绩效具有直接正向影响。

3.2 互动导向对吸收能力的影响

依据动态能力理论，企业内部资源的有限性和外部资源的无限性启示企业应不断增强组织的信息获取和吸收能力，然后通过对信息的加工和转化，将企业外部信息转化为企业独有的内部新知识，从而为企业决策提供智力支持[217]。在以往的市场导向指导下，企业通常将市场作为一个整体进行考虑，收集的是行业内外的信息[218]，诸多不同来源、层次、结构和类型的信息粗糙地汇聚在一起且缺乏高效的数据处理，严重影响了信息的吸收和转化，很容易致使企业因忽视一些重要信息而错失商机。另外，以往企业收集信息往往仅从自身经验出发，只关注企业熟悉的领域，这种单向、片面的吸收严重影响了企业对信息的收集和获取，容易造成企业短视，不利于企业的可持续发展。如今进入服务经济时代，服务创新对企业的吸收能力提出了更高要求，具体体现在以下几个方面：

第一，服务创新鲜明的顾客导向性和情景依赖性要求企业应特别关注与顾客相关信息的收集与吸收[203]，而顾客信息往往纷繁复杂且具有一定的内隐性和异质性，要求企业必须在更广范围上进行外部信息收集，在更深层次上对获取的外部信息进行吸收与转化，如此才能有效地把握每个顾客的需求特征、顾客间的需求差异和挖掘顾客潜在需求，为企业服务创新提供有益的参考与借鉴。

第二，营销大数据的产生在为企业发展带来机遇的同时也带来挑战：数据数量的增加并不一定意味着价值的提高，相反，如果不能够及时有效地对那些多源异构、动态增长的数据进行处理，反而会由于噪声的增多而形成干扰，因此如何有效处理这些丰富的数据对企业传统的营销管理方式、信息化水平建设和员工素质培养等多方面提出了挑战，即对企业吸收能力提出了更高的标准和要求，这要求企业应继续保持对新知识和先进技术的学习与运用，并充分认识科技发展为企业带来的便利性，不断提升企业的吸收能力。

第三，随着市场竞争的进一步加剧，市场开放性和环境不确定性进一步增强，企业必须迅速地将吸收和转化的新知识运用和指导于企业实践，如此才能帮助企业形成对市场变动的快速响应，实现对市场环境的动态把握，从而先人一步抢占市场先机，以丰富多彩和质量优异的新产品与服务吸引广大顾客，提高企业的市场占有率和利润。

本书认为互动导向一则提倡与顾客展开积极互动，二则强调充分利用信息技术，可有效提高企业吸收能力，促进以上问题的解决：

首先，随着市场不确定性的进一步提高，新的信息不断涌现，旧的信息则迅速贬值或失去时效，信息的实时性特征愈发明显，服务的生命周期呈现缩短趋势，互动导向指导企业与顾客开展频繁的交流与良好的互动，并通过顾客授权等将顾客纳入企业服务创新体系中来，以实现对顾客的实时监控，从而帮助企业及时获取所需信息，随时掌握顾客需求变动情况，甚至是形成一定的预测能力，有利于增强企业的信息获取能力。

其次，互动导向要求企业基于个体层面对市场进行细分，收集每位顾客每次交易的详细交易信息，相较于以往基于群体层面收集的"粗糙"信息，显然这种"精细"的信息更加有利于企业的吸收与转化。同时，互动导向还要求企业构建完善的顾客信息系统，形成顾客"大数据"，此时，数据不再仅仅是企业处理的对象，更是影响企业决策的重要资源，通过深入的信息分析与挖掘，可以帮助企业有效地提炼出具有价值的信息，最终形成企业独有的认知和新知识，提高企业的信息吸收与转化能力[219]。

再次，在互动导向指导下开展良好的顾企互动，使信息和知识的传播不再是片面和单方向的，而是开放、全面和多维的，有助于企业构建开放的、有反馈的、多渠道和交互的信息沟通机制和组织学习系统[220]，在这种机制和系统中，信息和知识得到最大程度的共享与交融，帮助企业将外部知识有效地内化为企业独特的新知识，如此，不仅有利于增加企业的知识储量，还有利于改进和完善企业原有的知识结构，有助于企业打造可持续的核心竞争力[190]。

综上所述，研究认为实施互动导向有利于提高企业吸收能力，提出假设：

H2：互动导向对吸收能力具有直接正向影响。

3.3 吸收能力对服务创新绩效的影响

目前，在吸收能力的后果影响研究中，吸收能力与创新绩效间关系的研究已经受到一些学者的关注，如 Lin 等指出良好的吸收能力有助于企业准确把握市场动态，及时发现市场商机，因此可以提高企业的创新能力[221]，Expósito-Langa 等研究显示，良好的吸收能力可以有效提高企业产品和服务的开发速度、水平和成功率[222]，Chen 等则证实了吸收能力不仅可以显著提高企业创新绩效，还有利于提高企业的市场竞争力[223]。正如前所述，新时代背景下的服务创新对企业的吸收能力提出了更高的标准和要求，企业既要特别关注对顾客相关信息的吸收，以便准确把握顾客间的需求差异，满足顾客个性化要求，同时也不能忽视对先进知识和技术的学习与利用，以便有效处理海量的市场信息，应对大数据带来的挑战，这是服务经济赋予服务创新的新特征使然。

互联网技术的发展和智能手机等移动终端设备的普及，催生出虚拟社区、网络银行、自助终端、在线超市等多种服务交易方式，衍生出服务人员、顾客和技术一体化的人机交互的电子服务，除了传统的面对面交流外，出现了大众点评、在线咨询、博客和论坛等基于信息通信技术的新互动形式，因此企业必须掌握先进技术，特别是对新兴媒体的利用：其一，通过构建良好的人机交互界面、便捷的搜索功能和维护网络的安全性与隐私性等，激励顾客以更加丰富的形式积极地参与到服务创新过程中来，为企业发展献智献策；其二，在服务过程中产生的数据，除了顾客的年龄、学历和职业等人口统计学信息外，还有顾客消费的内在动机、心理舒适感和消费偏好等心理学信息，这些数据多为半结构化和非结构化数据且存储方式各异，要求企业具有强大的数据处理和分析技术[224]；其三，科技发展使数据呈现爆发式增长，在浩瀚的数据海洋中，新的信息（知识）不断涌现，旧的信息（知识）则迅速贬值或失去时效，企业唯有努力提高吸收能力，积极打造与动态环境相匹配的动态能力，才能在激烈的市场竞争中得以生存和发展[225]。

新时代背景下开展高效的服务创新要求企业应首先广泛收集企业外部信息，然后对这些海量数据进行科学的清洗，再通过基于大数据的产品和服务的关联分析、社会网络分析和用户行为分析等活动，对获取的外部信息有效地吸收与转化，最后，将转化后的新知识与企业原有技术相结合，迅速运用于企业生产实践中，为企业服务创新提供强有力的智力与技术支持，至此，才是完整地发挥了企业的吸收能力，促进企业服务创新效率的提高。

在企业对顾客信息的获取、吸收、转化和利用的过程中，贯穿着双方信息的交互与融合，而且随着网络信息技术的进步，不断促进着顾企互动水平与能力的提高——具有更强的交互性、丰富性、扩展性、精准性、存储性和移动性等[226]，更加有效地推动了企业与顾客实现在更广范围和更深层次上的信息共享，这不仅有利于企业及时发现服务过程中出现的问题，从而进行服务改善或方案调整，促进企业优化服务创新流程，缩短服务创新周期和降低服务创新的风险与成本等[225]，还能在良好的沟通中获取顾客的隐性知识、激活顾客潜在需求，甚至是碰撞出智慧的火花，帮助企业发现新的市场空白和商业机会，促进服务创新项目的开发，不断为顾客带来全新的感受和体验，最终帮助企业获取良好的服务创新绩效[227]。

另外，在打造企业良好的吸收能力的过程中，通过构建开放的、有反馈的、多渠道和交互的信息沟通机制和组织学习体系，还有利于实现企业与顾客间的知识溢出和技术转移等，如此，一方面有利于提高顾客对服务的理解和使用，进一步增强顾客对企业的信任和忠诚；另一方面有利于企业获取顾客独特的专有知识，为企业发展提供新的动力，特别是为企业服务创新提供智力支持与启发，最终帮助企业构建完善的协同创新网络，提高企业的服务创新绩效[194]。

综上所述，研究认为良好的吸收能力有利于促进企业服务创新，提出假设：

H3：吸收能力对服务创新绩效具有直接正向影响。

3.4 吸收能力在互动导向与服务创新绩效之间的作用

通过前述分析可知，互动导向对吸收能力具有积极影响，同时吸收能力对服务创新绩效也具有显著的正向作用，那么，吸收能力是否在互动导向与服务创新绩效之间发挥着中介作用呢？研究认为，在互动导向的指导下，企业与顾客进行频繁的交流与互动，帮助企业时刻保持对顾客需求变动的密切关注，形成快速的互动响应能力，有助于提高企业的信息获取能力，而对先进技术的充分利用可以帮助企业构建完善的信息管理系统，从而为外部信息的吸收与转化提供了良好的技术支持与平台，极大地促进了企业吸收能力的提高。进一步的，不同于产品创新的规模效益，服务创新往往具有很强的情景化特征，使其难以被模仿和复制，因此企业需要对获取的信息和知识进行进一步的吸收和转化，将其内化为企业独有的新知识，然后再结合企业自身条件，参考自己顾客的需求特征来制定新的服务创新策略，对其他企业服务创新的成功案例也需要进行一定的情景化转换，而不是照搬，通过这样一番流程的运作，即通过企业对外部信息的吸收、转化与利用等一系列流程，为企业服务创新提供强有力的信息参考与支持，促进企业服务创新流程的改进和效率的提高等，帮助企业获取良好的服务创新绩效[20]。

另外，在互动导向的指导下，企业与顾客构建良好的顾企关系：一方面，企业的经营理念、品牌思想和企业文化等传向顾客，有助于提高顾客对企业的信任与忠诚，增强顾客参与服务创新的积极性；另一方面，顾客的专有知识、对服务的看法和体验等传向企业，有利于企业改进和完善新服务，还有助于增加企业知识储量，优化企业知识结构。如此，帮助企业构建良好的创新网络，促进企业的社会资本积累，对企业长期发展产生深远影响。

由此可见，企业实施互动导向能够提高企业对外部信息，特别是与顾客相关信息的获取，但是，同时丰富的外部信息也必须经由企业的吸收和转化才能用以指导企业决策，帮助企业获取良好的服务创新绩效。因此，研究提出假设：

H4：吸收能力在互动导向与服务创新绩效之间发挥中介作用。

3.5 互动导向对主动改善的影响

主动改善是指一种针对个体顾客的、积极主动的服务创新活动，倡导企业为顾客提供义务之外的增值服务并进行持续的改进与创新以帮助企业赢得竞争优势[207]。Wallenburg 指出，随着顾客消费理念的日益成熟，优质的服务本身越来越类似于保健因素，即只能保证顾客没有不满意，却不能为顾客带来满意，唯有为顾客提供义务之外的有价值的增值服务才能刺激顾客满意，帮助企业获取顾客忠诚。另外，由于最初服务设计者的有限理性和企业有限资源的限制，再加上市场环境变动、科技发展进步、企业经验增长和顾客观念转变等多种因素的进一步影响，任何服务都具有一定的生命周期，而且随着市场动态性的增强，服务的生命周期呈现日益缩短的趋势，因此，只有进行主动改善，不断开发新的服务以满足顾客日益增长的多种需求，同时保持持续的改进和创新，以降低各种环境不确定性，保持企业的市场优势地位[207]。由此可见，主动改善已成为企业获取市场竞争优势的必然选择。

主动改善虽然也是以个体顾客为对象展开服务，但是根据"二八"法则，并不是所有顾客都能为企业带来同等贡献，鉴于企业资源的有限性和考虑企业运营的成本与风险等因素，企业在进行主动改善时必须首先解决这一问题，即明确企业应该为哪些顾客提供何种类型以及多大程度的增值服务，互动导向正为其提供了此方面的有益参考与借鉴：依托完善的顾客信息管理系统，互动导向可以帮助企业脱离以往营销生产力难以测量的困境，能够对每次营销活动中每位顾客的营销投入和产出进行比较精确的测量，即能够明确每位顾客在每次营销活动中所能为企业带来的价值大小，指导企业更加有针对性地依据不同顾客的不同价值为其提供不同种类与不同程度的增值服务，提高主动改善的效率。

另外,互动导向指导企业与顾客进行频繁交流与深入互动,一则有助于企业科学参考顾客自身特点、独特需求和以往交易等信息,进而结合企业现有资源和发展战略制订最优的服务方案,积极开展精准营销,以最小的成本和风险更加有效地满足顾客的异质需求,提高企业主动改善的效率[203];二则可以通过对顾客消费过程的全程追踪以实现企业对顾客动态的实时掌控,帮助企业打造良好的互动响应能力;三则可以通过对顾客大数据的分析与挖掘,帮助企业总结顾客消费的偏好与规律,对顾客未来需求的变化进行一定程度上的科学预测,然后参考企业自身资源状况和结合企业发展战略等制订相应的服务改善方案,为企业持续的改进和创新提供有益的参考和支持,有利于提高企业主动改善的能力[207]。

综上所述,研究推断互动导向对主动改善具有积极作用,提出假设:

H5:互动导向对主动改善具有直接正向影响。

3.6 主动改善对服务创新绩效的影响

Mcneilly 等研究认为,为顾客提供额外的价值,即主动改善,可使顾客愉悦,这种愉悦不仅是更高水平的满足,还会产生顾客忠诚,这种情况不仅适用于 B2C 的企业,对 B2B 的企业同样适用[211]。Wallenburg 等以 220 家德国物流外包公司和 250 家美国物流外包公司为样本,实证了主动改善对物流外包绩效的积极作用[228]。Wallenburg 等选取 298 家制造和零售企业等进行实证研究进一步发现,主动改善通过为顾客提供优异的价值获取顾客忠诚,可以帮助企业抢占市场份额,而且主动改善对顾客忠诚度的影响受市场动态性调节,即越是在动荡的市场环境中,主动改善越是有利于提高顾客忠诚度[206]。Wagner 研究认为，主动改善可以帮助企业构建良好的顾客关系，不仅有利于提高企业当前的绩效，还可以保证企业的长远利益[212]。Deepen 等研究表明，持续的服务改进和创新可有效降低市场不确定性，有利于增强顾客对企业的信任，从而提高顾客忠诚度[203]。另外，主动改善不仅有利于企业目标达成，还有利于企业实现目标超越，可有效提高企业市场竞争力。网络营销的开展使顾客可以脱离时空的限制而获取更加及时和广泛的信息，逐渐扭转以往在服务过程中由信息不对称造成的劣势地位，因此顾客消费的选择性大大提高，顾客开始变得越来越"挑剔"，企业唯有改变以往被动地响应顾客需求变化的状态，进行主动改善，才能够在激烈的市场竞争中取得优势。

第一，依据社会交换理论和顾客价值理论，企业进行主动改善的重要驱动力在于期望当前的超额付出能够在未来获得更加丰厚的回报，由于单个顾客的购买并不是企业营销的终点，而是另一个起点——保证顾客的持续购买力、回头率和推荐率等，因此企业必须为顾客提供比其他竞争者更多的价值，即提供优异的客户价值才能造就和保留忠诚的客户[210][203]。主动改善可以帮助企业有效地留住老顾客，吸引新顾客，达到顾客的链式反应：一方面，通过主动为顾客提供足够的服务专业知识和技能指导，提高顾客对新服务的理解与使用，特别是对于那些技术含量较高的电子服务来说，如以智能手机为载体的客户端和应用程序等，从而提高顾客的用户体验；另一方面，通过持续的服务改进和创新，特别是对于电子服务来说，因信息技术变革迅速，市场不断推出更加智能、炫酷和操作便捷的电子产品，以这些产品为载体的电子服务也随之更加丰富、智能和个性化，因此企业必须不断地去陈推新，进行主动改善，进行持续的新服务的开发和推广，不断为顾客带来全新的感受和优质的体验，从而获取顾客满意和忠诚，提高顾客粘性，保证企业的长远利益[229]。

第二，依据社会资本理论，良好的顾企关系有利于提高企业的社会资本[79]。通过为顾客提供义务之外的增值服务，主动改善可以帮助企业构建良好的顾客关系，在这种良好的顾企关系中，双方进行融洽的相处和愉悦的交流，激励顾客以极大的热情参与到服务创新过程中来，更加主动地贡献自己专有的知识和分享自己独特的体验等[230]，有利于企业及时把握顾客的需求信息，甚至是发现顾客消费的"隐性信息"，从满足顾客需求到创造顾客需求，挖掘并激活顾客潜在的消费欲望，通过主动地为顾客提供专业的购物指导、消费建议和增值服务等，指导企业开展"顾问式营销"[231]，帮助顾客降低购物成本，进一步提高顾客消费意愿，从而提高企业服务创新的效率。

第三，通过构建良好的顾企关系，主动改善还有能够促使顾客更加客观、理性地看待新服务，缩短原始期望与实际体验的差距，从而减少抱怨和投诉，增加理解和满意[232]，帮助企业获取良好的口碑效应[32]。服务经济时代，网络口碑以更快的速度在更广范围内传播，对顾客购买决策造成更大影响，良好的网络口碑有利于提高顾客购买效率和增强顾客粘度。另外，不同于传统口碑的不可储存性，网络口碑可以以文字、声音或者视频等多种形式储存下来，成为顾客信息系统的重要组成部分，可以为企业以后持续的服务改进和创新提供重要参考，有利于企业服务创新效率的提高[233]。

综上所述，研究推断主动改善对服务创新绩效具有积极作用，提出假设：

H6：主动改善对服务创新绩效具有直接正向影响。

3.7 主动改善在互动导向与服务创新绩效之间的作用

目前已有研究表明，创新活动在战略导向与企业绩效之间发挥中介作用[234]，创新活动在市场导向与新产品绩效之间发挥中介作用[218]。本书认为，主动改善作为一种积极主动的创新，也是以个体层面的顾客为对象，这与互动导向强调基于个体层面对顾客进行细分的核心思想相一致，而强调持续改进和创新，则符合服务创新的题中之意，因此，研究推断：主动改善很可能在互动导向与服务创新绩效之间发挥着某种机制作用。首先，在互动导向指导下进行主动改善，依托完善的信息管理系统，企业可以获取详细的有关顾客自身特点、独特需求和以往交易的信息等，有助于企业结合现有资源和发展战略对顾客开展精准营销，制订最优的服务方案以最低成本最大限度地满足顾客需求，从而提高顾客满意度和市场竞争力；其次，顾客购买并不是企业营销的终点，而是另一个起点——保证顾客的持续购买力、回头率和推荐率等，因此，以互动导向为指导进行主动改善，在与顾客良好的互动中对服务进行持续的改进和创新，可以有效降低市场不确定性，进而获取顾客忠诚，形成顾客粘度，提高企业市场竞争力；最后，在互动导向指导下进行主动改善，构建良好的顾企关系，增强服务创新项目参与者之间的信息交流与沟通，促进项目的资源整合与协调等，激发更多的服务创新想法与创意，从而降低服务创新成本并促进服务创新项目的开发[206]。另外，良好的顾企关系还有助于扩展企业的社会关系网络，增加企业的社会资本，提高企业的网络嵌入性[145]。因此，研究提出假设：

H7：主动改善在互动导向与服务创新绩效之间发挥中介作用。

3.8 吸收能力对主动改善的影响

通过前面分析可见，在互动导向与服务创新绩效之间的关系中，吸收能力和主动改善皆发挥中介作用，那么，在同一个作用机制中，两者之间的关系又是如何呢？研究认为，处在如今大数据的市场环境中，虽然数据总量丰富，但很少有数据可以不经加工而被企业直接利用，尤其是那些与顾客相关的半结构化和非结构化的数据。正如前所说，数据的价值不在于数量，而在于其背后包含的商业价值，因此，企业进行高效的主动改善的前提不仅仅是要获取足够数量的信息，更要能够获取相当质量的信息，而这种外部信息的有效转化则离不开企业良好的吸收能力。另外，在这个数据丰富的环境中，过多的选择导致顾客越来越挑剔和善变，企业也唯有不断提高吸收能力，快速获取顾客偏好和体验等相关信息并进行良好的吸收与转化，明确顾客消费习惯、潜在消费能力和购买风格等方面的差异，才能先人一步把握住市场稍纵即逝的商业机会，进而通过"一对一"营销和个性化推荐，获取良好的主动改善成效。

具体来说，良好的吸收能力可以从以下方面促进企业主动改善：一方面，企业以互动导向为指导，在与顾客频繁和深入的交流与互动中广泛收集企业外部信息，为主动改善提供丰富的信息资源，然后经由企业内部高效的吸收和转化等，将这些纷繁复杂、数量巨大、种类繁多的信息进行清洗、筛选、分类、加工和整合等，转化为具有企业特色的新知识，再将这些新知识与企业经营战略和企业资源等相结合，此时才是真正地将外部信息转化为企业内部资源，才能够有效地为企业决策提供参考和借鉴，帮助企业更快地开发更多的创新项目，提高主动改善的效率；另一方面，转化后的新知识不仅可以为服务创新注入活力，有效地帮助企业优化主动改善流程，缩短主动改善周期，提高新服务投入市场的速度等，还有利于增加企业的知识存量，优化企业知识结构，提高企业的组织学习能力，为企业发展提供强有力的智力支持，对企业产生更加深远的影响。由此，研究提出假设：

H8：吸收能力对主动改善具有直接正向影响。

笔者将本书涉及的所有假设汇总于表3-1中。

第 3 章 研究假设

表 3-1　　　　　研究假设汇总

研究假设	假设内容
H1	互动导向对服务创新绩效具有直接正向影响
H2	互动导向对吸收能力具有直接正向影响
H3	吸收能力对服务创新绩效具有直接正向影响
H4	吸收能力在互动导向与服务创新绩效之间发挥中介作用
H5	互动导向对主动改善具有直接正向影响
H6	主动改善对服务创新绩效具有直接正向影响
H7	主动改善在互动导向与服务创新绩效之间发挥中介作用
H8	吸收能力对主动改善具有直接正向影响

总之，企业在互动导向指导下，通过顾企互动、顾客授权、快速响应和顾客价值管理等途径构建良好的顾企关系，有效提高企业的吸收能力，为企业进行主动改善提供良好的参考和借鉴，进而通过主动为顾客提供优异的服务价值并进行持续的服务改进和创新，帮助企业获取顾客满意和忠诚，促进新服务的市场推广，最终为企业带来良好的服务创新绩效。因此，依据以上逻辑推理，并遵循"导向→能力/行为→绩效"的范式，研究基于互动导向视角，以吸收能力和主动改善为中介变量，以服务创新绩效为因变量，构建一个复合式多重中介模型，建立本书的理论研究框架，如图 3-1 所示。

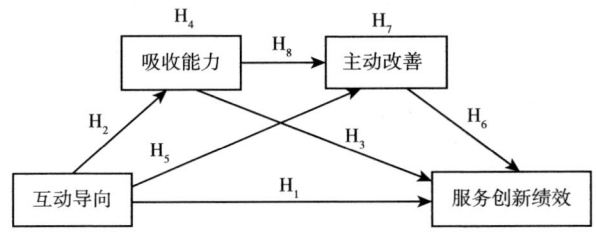

图 3-1　理论研究框架

本章小结

依据第 2 章中所阐述的理论基础以及对各变量相关研究的文献综述，本章对互动导向、吸收能力、主动改善和服务创新绩效等变量间的关系进行理论梳理和逻辑推导，提出相关研究假设，构建本书的理论研究框架。

互动导向对服务
创新绩效的影响
机制研究
Chapter 4

第4章　研究方法

在前面章节中，研究通过文献综述对互动导向、吸收能力、主动改善和服务创新绩效等变量间的关系进行了理论梳理和逻辑推导，构建了本书的理论研究框架。本章将对研究方法进行介绍，并为后期的实证分析提供数据资料。研究将采用问卷调查法收集一手数据进行实证分析。调查问卷设计的水平和数据收集的质量将直接影响研究结果的有效性和可靠性，因此本章将对调查问卷设计和数据收集过程等进行详细介绍，以保证研究的科学性和严谨性，为下一步的数据分析和假设检验提供高质量的数据资源。

4.1 问卷设计

由于问卷调查法的标准化程度较高，便于对资料进行量化处理，再加上省时省力、样本容量大等特点，该方法已成为管理学重要的研究方法之一。特别是随着网络信息技术的发展和数据统计分析软件的不断升级，使数据的收集和处理更加快捷科学，进一步促进了问卷调查方法的广泛推广。为了规范地使用该方法，下面研究将对问卷的设计原则、设计步骤和基本内容等方面进行简要介绍。

4.1.1 问卷设计原则

制定一份高质量的调查问卷，应遵循以下原则：

第一，表述应简洁、准确和流畅，避免使用生僻字、过于专业的术语或晦涩难懂的词语，以降低答题者的理解难度[235]。

第二，调查应该具有明确的主题，所有问题都应该围绕研究问题展开且重点突出，避免出现与主题无关或关系不大的问题[236]。

第三，问卷的结构应科学合理，题项之间应具有逻辑性，问题的排列应符合答题者的思维程序，如先易后难，先具体后抽象等[237]。

第四，避免出现诱导性的问题、涉及隐私的问题、多重含义的问题和语意模糊的问题，以免干扰答题者的思维或者增加问卷的拒访率，影响回收问卷的质量和数量[238]。

第四，合理控制问卷的长度，题目的数量不宜过多，同时也不应遗漏重要问题，答题的时间不宜过长，应尽量控制在 30 分钟以内[239,240]。

研究严格按照以上原则进行问卷设计，力求制定一份科学简明的调查问卷。

4.1.2 问卷设计步骤

参考前人研究，本书的问卷设计经历以下几个阶段：第一，查阅文献；第二，调查与访谈；第三，听取专家意见；第四，预测试；第五，制定正式调查问卷。详细步骤如下：

（1）查阅文献。依据本书的研究目的和内容，笔者对国内外相关研究进行了大量的文献搜索与阅读，参考期刊的影响力、文章的引用率和量表的科学性等指标，筛选出适合本书主题的量表，通过双盲翻译，形成问卷初稿。

（2）调查与访谈。为了保证问卷的信效度，研究皆参考和借鉴了国外学者开发的成熟量表，且部分量表已有基于中国企业的实证验证。为了进一步验证所选量表对中国企业的适用性，笔者进行了一定工作量的企业调研与访谈，结合中国行业特点和企业家思维模式，对某些题项的表述方式进行了调整与修正，形成第二稿调查问卷。

（3）听取专家意见。依托笔者所在的研究团队，并且借助笔者导师丰富的人脉，笔者咨询了一些学术界的专家和企业界的管理人员，认真检查是否存在语义重复、逻辑不清、理解困难、诱导性答题、答题时间过长等问题，继续对问卷进行完善，形成第三稿调查问卷。

（4）预测试。研究发放了 80 份第三稿问卷进行了预测试，共收回 50 份有效问卷，然后对收集的数据进行初步统计分析，再次检验调查问卷的科学性和合理性，防止出现重大偏差。最后参考数据分析结果再次对问卷进行完善，最终形成正式调查问卷。

4.1.3 共同方法偏差控制

测量误差包括随机误差和系统误差，随机误差往往难以避免，而系统误差则可以进行程序控制[241,242]。系统误差的一个主要来源就是共同方法偏差（Common Method Biases，CMB），是指同样的答题者、相同的测量环境、类似的语境和项目自身特征所造成的预测变量与效标变量之间的人为的共变[243,244]。避免或者降低共同方法偏差的方法有程序控制和统计控制，在问卷设计之初，研究主要采取以下措施进行程序控制：

（1）匿名作答。采用匿名作答的主要目的在于避免答题者出现社会赞许动机（指答题者在答题时更多地考虑社会反应或者身边群体的感受，而非依据其自身的真实感受进行回答），降低答题者的顾虑，获取其真实想法[245]。

（2）设置反向题项。为了避免部分答题者对测试题项的反应出现一致性倾向，如出于思维惯性或者不认真、不配合的态度而勾选同样的选项，本书设计了反向题项。另外，为了符合中国人的思维习惯，研究对反向题项采用了双重否定的表述方式[241]。

（3）鼓励一个企业中多名管理者共同参与调查。此项措施有利于降低或者避免因相同的答题者而导致的预测源与效标变量之间的人为共变，从而帮助研究者更加全面和真实地获取调查企业的真实情况[246,247]。

（4）给予充裕的答题时间。研究在设计问卷题项和发放问卷时都会特别建议对方可以有间隔地回答不同题项，以便有效避免答题者受某段时间消极或者积极心态的影响，或某个特殊事件的影响而干扰其客观看法，从而避免因同段时间或同个特殊事件导致的独立于调查内容之外的人为相关[248,249]。

（5）对于来自同一企业的多份问卷取均值后记为一份问卷，避免因同一地点导致的独立于调查内容之外的人为相关[250]。

（6）设计了纸质版、电子版和网络版等三种形式的调查问卷，避免因同一方式导致的独立于调查内容之外的人为相关。

4.1.4 问卷基本内容

本书的正式调查问卷主要包含两大部分：第一部分是引言，主要介绍问卷调查的目的、相关要求（如实答题）、对答题者的承诺（保证所有数据仅用于学术研究，不用于任何商业用途）、表示感谢和研究人员的联系方式等。第二部分是问卷的正文部分，一是变量测量，包括互动导向、吸收能力、主动改善和服务创新绩效等量表，二是企业基本信息采集，包括企业性质、服务类型、职工人数、企业管理文化、企业固定资产和营业额等信息。

4.2 变量测量

研究涉及的变量依次为：互动导向、吸收能力、主动改善和服务创新绩效，都属于潜变量，因此需要对它们进行操作化定义，即制定相应的测量量表，以便将不能够直接进行测量的潜变量转化为能够进行直接测量的一些测量题项的组合。为保证测量工具的信效度，研究以相关文献为基础，皆参考和借鉴前人开发的成熟量表，首先使用双向翻译制定问卷初稿，然后通过企业调研和访谈、征求专家意见等方式不断进行修改，并采集50家服务企业信息进行了预测试，修整部分题项后，编制正式调查问卷。研究使用李克特5点尺度量表进行测量，采用"1~5"的数字来表示对各个题项的同意程度，其中，"1"表示"非常不同意"；"2"表示"比较不同意"；"3"表示"中立"；"4"表示"比较同意"；"5"表示"非常同意"。

研究之所以借鉴前人开发的成熟量表，主要基于以下考虑：在现有文献中占有一定地位的量表往往具有很好的信效度，说明量表不仅能够准确地测量他们所代表的构念，而且具有一定的稳定性。另外，优秀期刊上发表的论文所使用的成熟量表往往具有较高的认可度，再经由后来的研究者反复使用、验证和完善，其质量会不断得到提高。当然沿用已有量表也具有一定的局限性，如可能存在文化和语言等方面的差异而导致理解偏差，以及研究的时效性可能会随着时间的推移而打折扣，等等。为了避免或者降低以上因素的负面影响，笔者做了充分的考虑和弥补。如研究选择的量表不仅皆是发表在权威期刊上的、引用率比较高的、近些年来发表的文章所使用的量表，而且部分量表已经得到中国企业样本的实证验证，证实了其良好的信效度和拟合度。另外，研究还采用了回译法、专家评判法和预测试等方法对调查问卷进行了进一步的修正和完善，提高了问卷的情景适用性。下面本书将依次介绍研究所涉及变量的相关情况。

4.2.1 互动导向量表

研究采用的互动导向（Interaction Orientation，IO）量表借鉴Ramani 和 Kumar[15]于2008年开发的量表，目前该量表已经经过多位中国学者基于中国企业样本的实证检验，多次被验证了对中国企业的情境适用性。如表4-1互动导向量表所示，该量表共包含顾客观念、顾客授权、互动响应能力和顾客价值管理四个维度，共13个题项。

表4-1　　　　　　　　　　　互动导向量表

维度	编码	题项
顾客观念	IO11	贵公司认为并不是每个顾客都会对同一系列的产品和服务满意
	IO12	贵公司会自觉的逐一识别和获取新顾客
	IO13	贵公司认为应该从个体层面观察每个顾客对于营销活动的反应
互动响应能力	IO21	贵公司有专门的系统记录每个顾客的交易信息
	IO22	贵公司能够识别每个顾客交易信息
	IO23	贵公司能够从个体层面通过分析顾客以前交易以预测其未来的交易
	IO24	贵公司每个顾客的交易信息都可以随时获取
顾客授权	IO31	贵公司鼓励顾客同公司分享他们对于公司产品或服务的看法
	IO32	贵公司鼓励顾客同其他顾客分享他们对于公司产品或服务的看法
	IO33	贵公司鼓励顾客参与产品和服务的设计
顾客价值管理	IO41	贵公司非常清楚每个顾客对公司利润的贡献
	IO42	贵公司能够预测每个顾客未来对公司利润的贡献
	IO43	贵公司能够统计出每次营销活动中每个顾客为公司带来的收益

4.2.2　吸收能力量表

吸收能力（Absorptive Capacity，AC）量表借鉴 Flatten 等[180]开发的量表，包括信息获取、信息吸收、知识转化和知识利用等四个维度，共14个题项，详见表4-2吸收能力量表。

4.2.3　主动改善量表

主动改善（Proactive Improvement，PI）量表借鉴 Deepen 等[203]开

表 4 – 2　　　　　　　　　吸收能力量表

维度	编码	题项
信息获取	AC11	收集行业信息是贵公司的日常业务活动之一
	AC12	贵公司鼓励员工充分利用行业内的信息资源
	AC13	贵公司期望员工能够处理行业外的相关信息
信息吸收	AC21	贵公司的理念能够跨部门流通
	AC22	贵公司管理者注重跨部门解决问题
	AC23	贵公司具有快速的信息流通渠道，重要信息能在所有部门之间迅速传递
	AC24	贵公司管理者要求定期举办跨部门会议，以便各部门相互交流新收获
知识转化	AC31	贵公司员工能够有效组织获取的知识
	AC32	贵公司员工能够对新知识进行加工，为下一步使用做准备
	AC33	贵公司员工能够有效地将现有知识和新想法相结合
	AC34	贵公司员工能够将新知识有效应用到工作实践中
知识利用	AC41	贵公司的管理者支持原有技术的发展
	AC42	贵公司会定期对技术审查和调整，使其与新知识一致
	AC43	贵公司通过采用新技术使工作更加有效

发的量表，包括 4 个题项：如果不在义务范围之内，企业则不会提出改善建议（反向题项）、当情况发生变化时，企业能够自觉改进服务活动内容和流程、企业能够积极主动地向客户提出改进意见和企业显示出较高的服务创新水平，详见表 4 – 3 主动改善量表。

表 4 – 3　　　　　　　　　主动改善量表

编码	题项
PI1	如果不在义务范围之内，贵公司则不会提出改善建议
PI2	当情况发生变化时，贵公司能够自觉改进服务活动内容和流程
PI3	贵公司能够积极主动的向客户提出改进意见
PI4	贵公司显示出较高的服务创新水平

4.2.4 服务创新绩效量表

考虑服务的特点和服务创新的特征,研究采用主观指标对服务创新绩效进行测量。服务创新绩效(Service Innovation Performance,SIP)量表借鉴 Voss 等[251]和 Hsueh 等[145]研究使用的量表,包括服务创新过程绩效(简称:过程绩效)和服务创新结果绩效(简称:结果绩效)两个维度,共 6 个题项。其中,过程绩效包括降低服务项目的平均费用、优化服务开发流程、提高服务创新效率,结果绩效包括提高企业的投资回报率、提高市场竞争力和提高顾客满意度,详见表 4-4 服务创新绩效量表。

表 4-4　　　　　　　　服务创新绩效量表

维度	编码	题项
过程绩效	SIP11	有利于降低服务创新项目的平均费用
	SIP12	有利于优化服务创新流程
	SIP13	有利于提高服务创新效率
结果绩效	SIP21	有利于提高企业的投资回报率
	SIP22	有利于提高企业的市场竞争力
	SIP23	有利于提高企业的顾客满意度

4.3　数据收集

4.3.1　预调查

本书采用问卷调查的方法进行数据收集,调查问卷质量的好坏关系整个研究的成败,因此,为了保证问卷的质量,特别是问卷所涉及的变量的量表质量,研究首先采集一批服务企业进行了预测试,在初步验证了调查问卷的信效度的基础之上,再进行大规模的正式调查。

(1) 预测试企业基本信息。

出于时间和经济成本、研究的便利性和有效性等方面的考虑,笔者选择在某高校中两个 MBA 班级中进行预测试的样本收集。研究要求所有答题者必须是服务企业中的管理人员,并且应当在当前企业的管理岗位上工作 2 年以上,以保证其能够对该企业具有比较宏观的战略性认识。预测试共发放问卷 80 份,经过问卷回收和筛选,共获得 50 份有效问卷。样本企业的基本信息如表 4-5 预测试样本企业基本信息所示。从企业性质、服务类型、职工人数、管理文化、固定资产和营业额等多项指标进行综合分析,可见预测试中样本企业的分布比较广泛和均匀,显示样本企业具有很好的代表性。

表 4-5 预测试样本企业基本信息

企业性质	样本数	百分比	累积百分比	服务类型	样本数	百分比	累积百分比
国有	10	20.0	20.0	物流企业	16	32.0	32.0
私营	25	50.0	70.0	旅游企业	4	8.0	40.0
股份制	5	10.0	80.0	餐饮企业	8	16.0	56.0
外资	6	12.0	92.0	金融企业	13	26.0	82.0
其他	4	8.0	100.0	其他	9	18.0	100.0
合计	50	100.0		合计	50	100.0	
职工人数	样本数	百分比	累积百分比	管理文化	样本数	百分比	累积百分比
100 人以下	5	10.0	10.0	中国大陆	41	82.0	82.0
100~499 人	15	30.0	40.0	中国港澳台	4	8.0	90.0
500~999 人	8	16.0	56.0	欧美	1	2.0	92.0
1000~4999 人	12	24.0	80.0	日本	2	4.0	96.0
5000 人以上	10	20.0	100.0	其他	2	4.0	100.0
合计	50	100.0		合计	50	100.0	
固定资产	样本数	百分比	累积百分比	营业额	样本数	百分比	累积百分比
100 万元以下	1	2.0	2.0	100 万元以下	3	6.0	6.0
100 万~500 万元	6	12.0	14.0	100 万~500 万元	4	8.0	14.0

续表

固定资产	样本数	百分比	累积百分比	营业额	样本数	百分比	累积百分比
500万~1000万元	4	8.0	22.0	500万~1000万元	5	10.0	24.0
1000万~5000万元	6	12.0	34.0	1000万~5000万元	9	18.0	42.0
5000万~1亿元	14	28.0	62.0	5000万~1亿元	6	12.0	54.0
1亿元以上	19	38.0	100.0	1亿元以上	23	46.0	100.0
合计	50	100.0		合计	50	100.0	

企业年龄	样本数	百分比	累积百分比	被调查者职位	样本数	百分比	累积百分比
3年以下	2	4.0	4.0	正总或副总	2	4.0	4.0
3~5年	22	44.0	48.0	经理级别	28	56.0	60.0
5~10年	18	36.0	84.0	主管级别	18	36.0	96.0
10年以上	8	16.0	100.0	其他	2	4.0	100.0
合计	50	100.0		合计	50	100.0	

（2）验证性因子分析。

研究将各变量的主要相关拟合指数汇总于表4-6预测试中测量模型的拟合度分析中，参考相应的标准，可见各变量的相关拟合指数皆满足相应标准，显示各变量的测量模型皆具有很好的结构效度，可以进一步进行信效度分析。

表4-6　　　　预测试中测量模型的拟合度分析

拟合指标 变量	χ^2/df (<3.000)	RMSEA (<0.080)	NFI (>0.900)	RFI (>0.900)	IFI (>0.900)	TLI (>0.900)	CFI (>0.900)
互动导向	1.396	0.070	0.927	0.939	0.944	0.926	0.942
吸收能力	1.469	0.058	0.910	0.905	0.910	0.921	0.910
主动改善	1.348	0.023	0.948	0.964	0.954	0.948	0.954
服务创新绩效	1.824	0.065	0.957	0.920	0.935	0.940	0.935

（3）信度分析。

研究采用α系数对量表进行信度检验。如表4-7所示，各变量的α系数取值介于0.814~0.928，均高于0.8，表明量表信度很好，结果具有一定的可靠性和稳定性。

表4-7　　　　　　　　预测试中变量的信度分析

变量	题项	维度α值	变量α值	变量	题项	维度α值	变量α值
互动导向	IO11	0.814	0.928	吸收能力	AC31	0.871	0.897
	IO12				AC32		
	IO13				AC33		
	IO21	0.896			AC34		
	IO22				AC41	0.837	
	IO23				AC42		
	IO24				AC43		
	IO31	0.818		主动改善	PI1	0.835	0.835
	IO32				PI2		
	IO33				PI3		
	IO41	0.874			PI4		
	IO42			服务创新绩效	SIP11	0.808	0.882
	IO43				SIP12		
吸收能力	AC11	0.867	0.897		SIP13		
	AC12				SIP21	0.845	
	AC13				SIP22		
	AC21	0.873			SIP23		
	AC22						
	AC23						
	AC24						

（4）效度分析。

研究借鉴前人开发的成熟量表，并采用双盲翻译、专家评判和经验评定等方法进行了完善，显示量表具有很好的内容效度。另外，如表4-8所示，变量所有题项的因子载荷介于0.637~0.900，均大于

第4章 研究方法

0.5，各变量的 AVE 值均大于 0.5，CR 值均大于 0.6，说明量表的收敛效度非常好。再参考表 4-9 预测试中变量的判别效度分析，各变量 AVE 值的平方根皆大于变量间的相关系数，说明预测试中变量的判别效度也非常好。

表 4-8　　　　　　　　预测试中变量的收敛效度分析

变量	题项	因子载荷	AVE/CR	变量	题项	因子载荷	AVE/CR
互动导向	IO11	0.804	AVE = 0.666 CR = 0.962	吸收能力	AC31	0.699	
	IO12	0.756			AC32	0.842	
	IO13	0.755			AC33	0.809	
	IO21	0.735			AC34	0.833	
	IO22	0.907			AC41	0.741	
	IO23	0.808			AC42	0.843	
	IO24	0.900			AC43	0.817	
	IO31	0.898		主动改善	PI1	0.746	AVE = 0.557 CR = 0.834
	IO32	0.801			PI2	0.774	
	IO33	0.699			PI3	0.719	
	IO41	0.890			PI4	0.746	
	IO42	0.868		服务创新绩效	SIP11	0.808	AVE = 0.612 CR = 0.904
	IO43	0.747			SIP12	0.805	
吸收能力	AC11	0.721	AVE = 0.602 CR = 0.954		SIP13	0.783	
	AC12	0.912			SIP21	0.705	
	AC13	0.870			SIP22	0.832	
	AC21	0.706			SIP23	0.755	
	AC22	0.704					
	AC23	0.637					
	AC24	0.665					

综上所述，笔者对预测试中收集的数据进行了初步的统计分析，显示调查问卷具有较好的信效度，能够保证研究的科学性，下一步可以进行大规模的正式问卷调查和数据收集。

表 4-9　　　　　　　预测试中变量的判别效度分析

变量	CR 值	AVE 值	IO	AC	PI	SIP
互动导向（IO）	0.962	0.666	0.816			
吸收能力（AC）	0.954	0.602	0.456**	0.776		
主动改善（PI）	0.834	0.557	0.566**	0.487**	0.746	
服务创新绩效（SIP）	0.904	0.612	0.482**	0.432**	0.645**	0.782

注：① ** 表示显著性水平 $P<0.01$；② 粗体字为 AVE 的平方根。

4.3.2 正式调查

因为不论是样本的特殊性还是样本的代表性，皆会对实证研究的结果产生重大影响，所以选择合适的样本是进行科学的实证分析的重要基础和前提，结合本书的研究目的，研究对样本企业的选择进行了慎重的考虑和选择。

第一，研究拟在 B2B 和 B2C 情境下的服务企业为样本，主要基于以下考虑：一方面，服务业在国民经济中的地位不断上升，尤其是在服务经济中，服务业更是占据重要战略地位；另一方面，区别于以往的制造企业样本，以服务企业为样本更有利于我们结合服务特点和服务创新特征进行深入研究。

第二，考虑到不同城市经济发展水平的差异性，研究分别以广州、济南和吉首三个城市作为一二三线代表城市，然后分别以它们为据点，向周边城市辐射进行企业调研。

第三，研究设计了纸质版、网络版和电子版三种形式的调查问卷，然后通过查询企业黄页、采访高校高管培训班学员、联系参与校企合作的企业、利用研究者的人际关系网络和实地调研等多种途径收集样本信息，即保证了样本的代表性，又保证了样本的回收率，同时还能在一定程度上降低所收集数据的共同方法偏差。

第四，由于问卷调查的问题涉及企业战略层面，因此只有担任一定的管理职务和具有一定工作经验的管理人员才能提供比较宏观和客观的参考意见，所以研究要求答题者必须为主管以上级别的管理人员，且需要在该企业工作 2 年以上，从而为调查问卷提供质量保证。

第五，数据采集时间从 2014 年 1 月到 2014 年 8 月，共发放问卷 500 份。研究数据采集时间跨度较大，主要是因为：第一，样本采集量比较大；第二，为了在一定程度上避免同源方差，研究建议被调查的企业推荐多个管理者共同答题和有一定时间间隔的进行答题；第三，对于回收问卷进行数据整理的需要。如对于回收中部分存在问题的问卷，笔者进行了回访或者重新采集，以保证问卷的质量和数量。

本章小结

本章首先对调查问卷设计的原则、步骤和基本内容进行了介绍；其次介绍了研究所涉及变量的量表选择，设计出研究的调查问卷；最后对数据收集情况进行了介绍。为了保证调查问卷的信效度，研究首先采集了 50 家服务企业进行了预测试，发现问卷质量非常好，进而进行正式的大样本采集和数据收集。本章内容的主要作用在于对本书的研究方法进行介绍，并为下一步的实证分析提供宝贵的一手资料。

互动导向对服务
创新绩效的影响
机制研究
Chapter 5

第 5 章　数据分析和假设检验

第4章详细介绍了本书的研究方法，特别是研究所需调查问卷的设计和数据收集的过程，为研究提供了宝贵的一手资料。在本章节中研究将使用 SPSS 20.0 和 AMOS 17.0 软件对数据进行一系列统计分析：首先，对数据进行整理，保证数据的真实性和可靠性，获取有效样本；其次，进行数据初步分析和验证性因子分析，对数据质量进行进一步考察，并检验测量模型和假设模型与实际收集数据的匹配性；最后，进行结构方程模型分析，对研究提出的假设进行检验，验证本书理论模型的合理性，即明确互动导向、吸收能力、主动改善和服务创新绩效之间的关系，得出重要研究结论。

5.1 数据整理

研究共发放问卷500份，回收288个样本。为了保证问卷数据的正确性和完整性，研究通过以下途径对回收的288份问卷进行了筛选和整理：

（1）缺失值处理。对于缺失数据超过总数据五分之一以上的问卷予以删除；对于缺失数据低于五分之一的问卷，我们首先尝试通过电话或者邮件回访进行补充，仍不能补充的问题，如果不是关键问题，则采用均值替换法进行数据填补，是关键问题的，予以删除。

（2）对选择呈现出某种规律性的问卷予以删除。例如，统一选项、"中立"选项过多的，或呈现"之"字规律答题的问卷。

（3）对字迹模糊的问卷进行回访确认或者重新采集。

（4）对出现乱码的电子问卷进行重新采集。

（5）对来自同一个企业的多份问卷，取均值后记为一份问卷（因研究通过多种途径进行样本采集，因此共有出现13份分别来自6个企业的问卷，分别取均值后，记为6份问卷）。

(6) 对于具有明显逻辑错误，或者出现前后不一致题项的问卷进行回访或者删除。

(7) 检查有无异常值和错误值，进行纠正。

通过以上数据处理，剔除不合格的问卷，共获得 254 个有效样本，有效问卷回收率为 50.8%。

5.2 数据初步分析

5.2.1 方差齐次性检验

为了对共同方法偏差进行程序控制，研究采用多种途径进行数据收集，考虑可能会对数据合并产生影响，因此研究对不同的样本进行了方差齐次性的 Levene 检验，以检验通过不同途径采集的样本数据之间是否存在显著差异。通过方差齐次性检验，发现 P 值皆大于 0.05，方差齐性，说明不同样本之间不存在显著差异，可以进行有效的数据合并。

5.2.2 正态性检验

研究需要先明确数据的分布特征，以便为之后选择合适的数据分析方法提供指导[252]。因后期的结构方程模型分析时要求数据满足正态性分布，因此首先要对数据进行正态性检验。如表 5-1 所示，变量各维度（取均值）的最小值和最大值皆介于 1~5，不存在异常值。所有数据的偏度系数（skewness）皆小于 3 且其 t 值的绝对值大于 1.96，峰度系数（kurtosis）皆小于 8 且其 t 值的绝对值大于 1.96，说明数据符合正态分布。

表 5 – 1　　　　　　　　　正态性检验

变量	最小值	最大值	偏度	偏度 t 值	峰度	峰度 t 值
IO1	1.667	5.000	−0.689	−4.484	0.356	2.834
IO2	1.500	5.000	−0.539	−3.507	0.314	2.177
IO3	2.000	5.000	−0.475	−3.094	−0.336	−2.442
IO4	2.000	5.000	−0.424	−2.809	−0.564	−2.835
AC1	1.000	5.000	−0.755	−4.915	0.854	2.779
AC2	1.000	5.000	−0.658	−4.279	0.321	2.719
AC3	1.000	5.000	−0.356	−2.016	0.301	2.010
AC4	1.000	5.000	−0.487	−3.169	0.525	2.708
PI1	1.000	5.000	−0.224	−1.460	−0.405	−2.318
PI2	1.000	5.000	−0.597	−3.887	−0.336	−2.117
PI3	1.000	5.000	−0.551	−3.586	0.371	2.556
PI4	1.000	5.000	−0.372	−2.418	−0.385	−2.668
SIP1	2.333	5.000	−0.445	−2.945	−0.757	−2.461
SIP2	2.000	5.000	−0.395	−2.789	−0.967	−3.145
多变量	—	—	—	—	38.820	14.615

5.2.3　共同方法偏差检验

在前面的问卷设计中，研究对问卷可能存在的共同方法偏差进了程序控制，此处，研究将对共同方法偏差进行统计控制。研究使用 SPSS 20.0 软件通过 Harman 单因素检测法对共同方法偏差的程度进行检验，这种检验方法的基本假设是：如果存在方法变异，在进行因素分析时，要么仅析出一个单独的因子，要么析出的首个因子可以解释变量的大部分变异[245,253]。研究将互动导向、吸收能力、主动改善和服务创新绩效的所有题项作为投入量，采用主成分分析的方法进行探索性因子分析，提取所有特征值大于 1 的因子。如表 5 – 2 所示，结果共析出 8 个特征值大于 1 的因子，析出的第一个未经旋转的因子解释了 31.5% 的方差变异，并没有占到多数，因此共同方法偏差并不严重，不会影响结论的可靠性[246]。

表 5-2　　　　　　　　　Harman 单因素检验分析

因子	初始特征值			提取平方和载入		
	合计	方差的 %	累积方差 %	合计	方差的 %	累积方差 %
因子 1	11.638	31.454	31.454	11.638	31.454	31.454
因子 2	4.502	12.167	43.622	4.502	12.167	43.622
因子 3	3.146	8.502	52.124	3.146	8.502	52.124
因子 4	1.618	4.373	56.496	1.618	4.373	56.496
因子 5	1.399	3.780	60.277	1.399	3.780	60.277
因子 6	1.191	3.219	63.495	1.191	3.219	63.495
因子 7	1.129	3.051	66.546	1.129	3.051	66.546
因子 8	1.098	2.966	69.513	1.098	2.966	69.513

5.2.4　描述性统计分析

描述性统计分析就是对数据的特征进行解析，描述样本的各种特征和其代表的总体的特征，主要包括均值、最大值、最小值、标准差和频数分布等。下面研究将对样本企业进行频数分析以检验样本分布的均匀性和代表性，并对各变量的均值、最大值、最小值和标准差等特征进行分析，以便对数据进行初步的认识和了解。

（1）样本企业的描述性统计分析。

样本企业的描述性统计分析主要是指对样本企业的基本信息进行频率统计，包括样本企业的企业性质、服务类型、职工人数、企业年龄、企业固定资产和营业额等，明确相应类型的样本数和其在总体中所占有的百分比，以考察样本的分布情况和判断样本的代表性，对所调查的企业形成初步认识。

如表 5-3 所示，从企业性质来看，国有企业共 48 家，占总样本的 18.9%；私营企业共 107 家，占总样本的 42.1%；股份制企业共 47 家，占总样本的 18.5%；外资企业共 44 家，占总样本的 17.3%；其他性质企业 8 家，占总样本的 3.2%。由此可见，本书采集的样本企业基本涉及了所有的企业性质，其中私营企业的样本数和所占总体的比例最大，但这并不是说明样本选择的随机性有问题，而恰恰相反，正是符合了我国私营企业居多的实际国情，因此，结果显示本书的样本企业在企业性质这一指标上比较具有代表性。

表 5-3 样本企业基本信息（企业性质）

企业性质	样本数	百分比	累积百分比
国有	48	18.9	18.9
私营	107	42.1	61.0
股份制	47	18.5	79.5
外资	44	17.3	96.9
其他	8	3.1	100.0
合计	254	100.0	

如表 5-4 所示，从企业服务类型来看，样本企业所涉及的物流企业有 95 家，占总样本的 37.4%；旅游企业 64 家，占总样本的 25.2%；餐饮企业 44 家，占总样本的 17.3%；金融企业 26 家，占总样本的 10.2%；其他服务企业 25 家，占总样本的 9.8%。由此可见，研究选择的样本企业皆是比较典型的服务企业且类型全面，样本在该指标上也显示出了较好的代表性。

表 5-4 样本企业基本信息（服务类型）

服务类型	样本数	百分比	累积百分比
物流	95	37.4	37.4
旅游	64	25.2	62.6
餐饮	44	17.3	79.9
金融	26	10.2	90.2
其他	25	9.8	100.0
合计	254	100.0	

第 5 章　数据分析和假设检验

如表 5-5 所示，从企业管理文化来看，样本企业中呈现出中国大陆管理文化风格的企业有 187 家，占总样本的 73.6%；呈现中国港澳台管理文化风格的企业 28 家，占总样本的 11.0%；呈现欧美管理文化风格的企业 14 家，占总样本的 5.5%；呈现日本管理文化风格的企业 15 家，占总样本的 5.9%。由此可见，本书采集的样本企业的企业管理文化风格包含也比较全面，其中呈现中国大陆管理文化风格的企业数量最多，也正符合了我国企业管理的实际情况。因此，结果说明本书的样本企业在企业管理文化这一指标上也比较呈现代表性。

表 5-5　　　　　　样本企业基本信息（企业文化）

企业文化	样本数	百分比	累积百分比
中国大陆	187	73.6	73.6
中国港澳台	28	11.0	84.6
欧美	14	5.5	90.2
日本	15	5.9	96.1
其他	10	3.9	100.0
合计	254	100.0	

如表 5-6 所示，在所有样本企业中，职工人数在 100 人以下的企业有 70 家，占总样本的 27.6%；职工人数在 100~499 人的企业有 61 家，占总样本的 24.0%，职工人数在 500~999 人的企业有 28 家，占总样本的 11.0%；职工人数在 1000~4999 人的企业有 46 家，占总

表 5-6　　　　　　样本企业基本信息（职工人数）

职工人数	样本数	百分比	累积百分比
100 人以下	70	27.6	27.6
100~499 人	61	24.0	51.6
500~999 人	28	11.0	62.6
1000~4999	46	18.1	80.7
5000 人以上	49	19.3	100.0
合计	254	100.0	

样本的18.1%；职工人数在5000人以上的企业有49家，占总样本的19.3%。由此可见，样本企业所包含的职工人数的分布也比较均匀和具有代表性。

如表5-7所示，样本企业中固定资产处于100万元以下的企业有26家，占总样本的10.2%；固定资产在100万~500万元之间的企业有47家，占总样本的18.5%；固定资产在500万~1000万元之间的企业有47家，占总样本的18.5%；固定资产在1000万~5000万元之间的企业有26家，占总样本的10.2%；固定资产在5000万元至1亿元之间的企业有36家，占总样本的14.2%；固定资产在1亿元以上的企业有72家，占总样本的28.3%。由此可见，样本所涉及企业的固定资产的分布也比较均匀和具有代表性，且呈现出与企业职工人数指标的一致性。

表5-7　　　　　　　样本企业基本信息（固定资产）

固定资产	样本数	百分比	累积百分比
100万元以下	26	10.2	10.2
100万~500万元	47	18.5	28.7
500万~1000万元	47	18.5	47.2
1000万~5000万元	26	10.2	57.5
5000万~1亿元	36	14.2	71.7
1亿元以上	72	28.3	100.0
合计	254	100.0	

如表5-8所示，样本企业中营业额在100万元以下的企业有20家，占总样本的7.9%；营业额在100万~500万元之间的企业有39家，占总样本的15.4%；营业额在500万~1000万元之间的企业有42家，占总样本的16.5%；营业额在1000万~5000万元之间的企业有29家，占总样本的11.4%；营业额在5000万元~1亿元之间的企业有36家，占总样本的14.2%；营业额在1亿元以上的企业88家，占总样本的34.6%。由此可见，样本所涉及企业的营业额的分布也

比较均匀和具有代表性，且呈现出与企业职工人数指标、固定资产指标的一致性。

表 5-8　　　　　样本企业基本信息（营业额）

营业额	样本数	百分比	累积百分比
100 万元以下	20	7.9	7.9
100 万~500 万元	39	15.4	23.2
500 万~1000 万元	42	16.5	39.8
1000 万~5000 万元	29	11.4	51.2
5000 万~1 亿元	36	14.2	65.4
1 亿元以上	88	34.6	100.0
合计	254	100.0	

如表 5-9 所示，企业年龄在 3 年以下的企业有 5 家，占总样本的 2.0%；企业年龄在 3~5 年之间的企业有 45 家，占总样本的 17.7%；企业年龄在 5~10 年之间的企业有 71 家，占总样本的 28.0%；企业年龄在 10 年以上的企业有 133 家，占总样本的 52.4%。由此可见，样本所涉及企业的年龄的分布也比较均匀和具有代表性。

表 5-9　　　　　样本企业基本信息（企业年龄）

企业年龄	样本数	百分比	累积百分比
3 年以下	5	2.0	2.0
3~5 年	45	17.7	19.7
5~10 年	71	28.0	47.6
10 年以上	133	52.4	100.0
合计	254	100.0	

如表 5-10 所示，样本企业中被调查者的管理者中有 17 位是总裁或者副总裁（简称：正总或副总），占总样本的 6.7%；有 119 位经理级别的管理者，占总样本的 46.9%；有 44 位主管级别的管理

者,占总样本的 17.3%;其他职位的管理者 74 位,占总样本的 29.1%①。由此可见,所有被调查者皆为主管以上级别的管理者,且各个级别的管理人员数量分配也比较均匀,符合一般企业的组织架构。

表 5-10　　样本企业基本信息(被调查者职位)

被调查者职位	样本数	百分比	累积百分比
正总/副总	17	6.7	6.7
经理级别	119	46.9	53.5
主管级别	44	17.3	70.8
其他	74	29.1	100.0
合计	254	100.0	

特别说明一下,正如前所述,由于问卷调查的问题涉及企业战略层面,而只有担任一定的管理职务和具有一定工作经验的管理人员才能提供比较宏观和客观的参考意见,所以研究在设计和发放问卷调查之时皆予以说明:"请贵公司推荐在您公司工作至少 2 年的管理人员进行答题",以便为调查问卷提供质量保证。由此可见,问卷调查所选择的管理者这一指标并不影响问卷收集的随机性,符合研究要求。

综上所述,本书所选择的样本在企业性质、企业文化、服务类型、职工人数、企业固定资产、企业营业额等多个指标上皆呈现出了很好的均匀性和代表性,说明样本的选择比较科学合理,符合研究要求。

(2) 各变量的描述性统计分析。

研究使用李克特 5 点尺度量表进行测量,采用"1~5"的数字来表示对各个题项的同意程度,"1"表示"非常不同意","5"表示"非常同意"。研究选择最小值、最大值、均值和标准差等指标对变量的描述性统计分析,由表 5-11 所示,所有变量的所有题项取值

---

① 因企业性质或者管理文化的不同等,不同企业设置的职位名称会有所差异,另外,一些企业会由于特殊业务需要而设置一些"特别"的管理职位。针对这些情况,笔者对有些题项进行了自行归类,另一些不能够确定的,进行了回访和确认,保证了问卷的质量。

皆在合理范围之内，不存在异常值和较大的标准差。

表 5-11　　　　　　　　描述性统计分析

量表	题项	最小值	最大值	均值	标准差
互动导向	IO11	1	5	4.16	0.723
	IO12	2	5	4.00	0.878
	IO13	1	5	4.03	0.790
	IO21	2	5	4.02	0.902
	IO22	1	5	3.91	0.917
	IO23	1	5	3.80	0.901
	IO24	1	5	3.63	0.841
	IO31	2	5	4.02	0.716
	IO32	1	5	3.81	0.876
	IO33	1	5	3.94	0.817
	IO41	1	5	3.94	0.805
	IO42	2	5	3.70	0.807
	IO43	2	5	3.64	0.872
吸收能力	AC11	1	5	3.79	1.019
	AC12	1	5	3.97	0.955
	AC13	1	5	3.70	0.923
	AC21	1	5	3.79	0.974
	AC22	1	5	3.90	0.981
	AC23	1	5	3.73	1.063
	AC24	1	5	3.72	1.046
	AC31	1	5	3.69	0.844
	AC32	1	5	3.68	0.897
	AC33	1	5	3.65	0.876
	AC34	1	5	3.68	0.846
	AC41	1	5	3.67	0.963
	AC42	1	5	3.63	0.961
	AC43	1	5	3.78	0.916

续表

量表	题项	最小值	最大值	均值	标准差
主动改善	PI1	1	5	3.59	0.927
	PI2	1	5	3.95	0.894
	PI3	1	5	3.86	0.882
	PI4	1	5	3.41	1.005
服务创新绩效	SIP11	1	5	4.03	0.850
	SIP12	2	5	3.89	0.830
	SIP13	1	5	3.89	0.784
	SIP21	1	5	3.74	0.801
	SIP22	2	5	4.07	0.871
	SIP23	2	5	4.17	0.852

5.3 验证性因子分析

由于本书所使用的量表均是借鉴和采用前人开发的成熟量表，因此研究将对各变量进行验证性因子分析（Confirmatory Factor Analysis，CFA）[254]①。根据侯杰泰等于2004年编著的《结构方程模型及其应用》一书中指出，在验证性因子分析中，对于多维度的构念进行分析时，当一阶验证性因子分析模型与样本数据适配良好且一阶因素之间存在高度关联性时，应该考虑进行二阶验证性因子分析。另外，二阶验证性因子分析适用4个以上（含）因子的构念分析，当构念含有3个因子时，一阶和二阶的结果是一样的，而低于三个因子时，程序运行往往会出现问题（如模型无法识别、解答不正定等），须采用

---

① 罗胜强在其《管理学问卷调查研究方法》一书中提出建议：当学者们已经对构念的结构有理论预期时，或者是借鉴他人开发的成熟量表时，应使用验证性因子分析。因为：一方面，我们已经知道了项目背后的因子结构，所以不必再次进行探索性因子分析；另一方面，这些量表已经经过多样本或大样本严格的信效度检验而证实了其因子结构的合理性。

一阶验证性因子分析[255]。据此，下面研究将分别对互动导向和吸收能力进行二阶验证性因子分析，对主动改善和服务创新绩效进行一阶验证性因子分析，各构念的验证性因子分析输出图分别如图 5-1～图 5-4 所示。

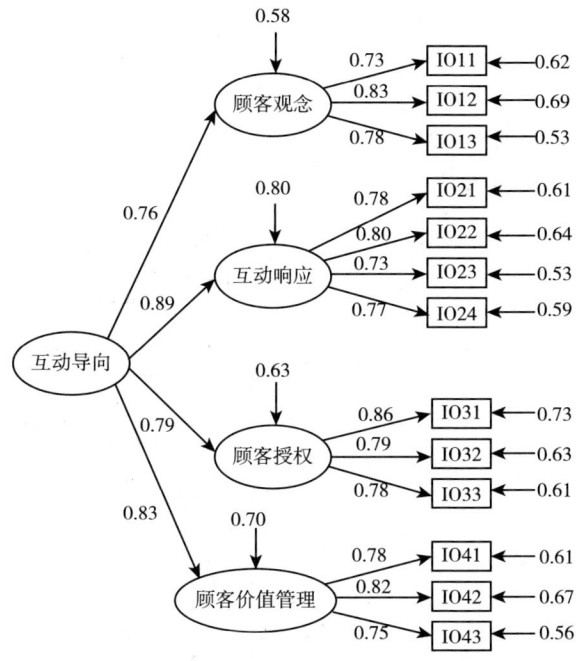

图 5-1 互动导向的验证性因子分析

在实际科研中，验证性因子分析就是检验本书构建的理论研究模型与实际所收集数据的一致性或匹配程度，一般需要考虑以下三个方面：一是模型基本适配度检验（preliminary fit criteria），主要检查估计参数值的合理性，查看模型是否存在违法估计；二是模型内在结构适配度检验（fit of internal structural model），也称为模型内在质量检验，即对测量模型进行评价，关注测量变量是否能够反映其相对应的潜在变量，目标在于了解潜在变量的信度与效度；三是整体模型适配度检验（overall model fit），也称为模型外在质量检验，即对结构模型进行评价，检验理论构建阶段中多界定的因果关系是否成立，主要

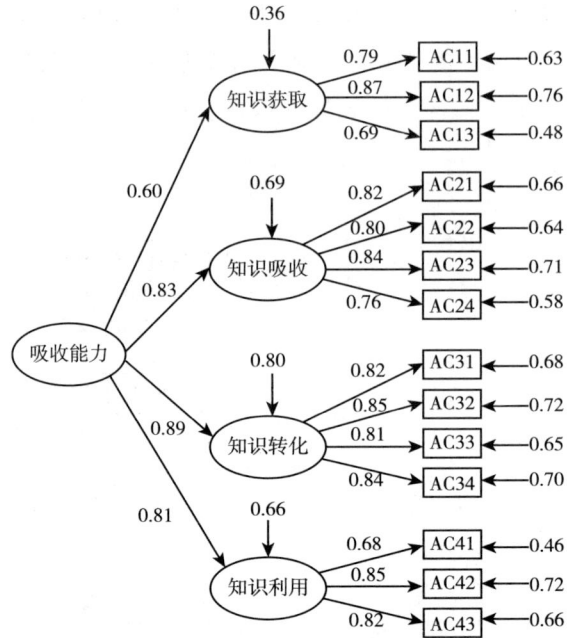

图 5-2 吸收能力的验证性因子分析

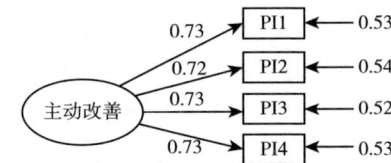

图 5-3 主动改善的验证性因子分析

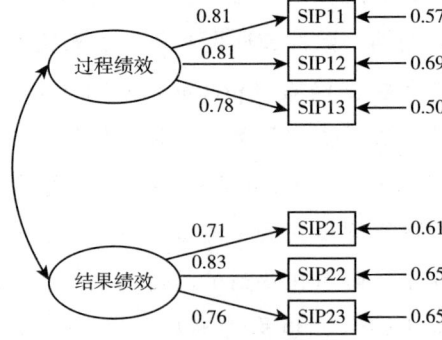

图 5-4 服务创新绩效的验证性因子分析

包括绝对适配度指数、增值适配度指数和简约适配度指数等指标[256]。下面研究将从这三个方面依次展开分析。

5.3.1 模型基本适配度检验

模型的参数估计应首先满足以下几个基本的适配指标：（1）估计参数中不包含负的误差方差（若其值为负数，表示违反估计）；（2）所有误差变异须达到显著水平，即临界比值（t值）应大于1.96；（3）潜在变量与其测量变量指标间的因子载荷（即标准化路径系数）应介于0.50~0.95；（4）估计参数统计量间的相关系数不能太接近1；（5）不能有非常大或者极端小的标准误（非常大的标准误表示指标参数无法被决定，极端小的标准误，如接近0，则会造成相关参数的检验统计无法被定义）[256]。

由表5-12可见，所有题项至潜在变量的标准化路径系数取值介于0.50~0.95，不存在非常大或者极端小的标准误，临界比皆大于1.96。由此可见，模型满足基本适配指标，可以进行下一步的分析。

表5-12　　　　　　　　　测量模型的参数估计

变量	路径关系	标准化路径系数	标准误	临界比	P值
互动导向	IO11→互动导向	0.727			
	IO12→互动导向	0.831	0.121	11.444	***
	IO13→互动导向	0.784	0.107	44.053	***
	IO21→互动导向	0.780			
	IO22→互动导向	0.799	0.077	13.531	***
	IO23→互动导向	0.726	0.083	11.236	***
	IO24→互动导向	0.770	0.077	11.958	***
	IO31→互动导向	0.856			
	IO32→互动导向	0.792	0.082	13.877	***
	IO33→互动导向	0.781	0.076	13.743	***
	IO41→互动导向	0.782			
	IO42→互动导向	0.820	0.083	12.735	***
	IO43→互动导向	0.748	0.089	11.607	***

续表

变量	路径关系	标准化路径系数	标准误	临界比	P值
吸收能力	AC11→吸收能力	0.794			
	AC12→吸收能力	0.871	0.077	13.446	***
	AC13→吸收能力	0.693	0.074	10.677	***
	AC21→吸收能力	0.815			
	AC22→吸收能力	0.801	0.070	14.240	***
	AC23→吸收能力	0.844	0.076	14.963	***
	AC24→吸收能力	0.764	0.077	13.137	***
	AC31→吸收能力	0.824			
	AC32→吸收能力	0.845	0.069	15.703	***
	AC33→吸收能力	0.806	0.070	14.576	***
	AC34→吸收能力	0.839	0.066	15.426	***
	AC41→吸收能力	0.677			
	AC42→吸收能力	0.847	0.111	11.231	***
	AC43→吸收能力	0.815	0.105	10.865	***
主动改善	PI1→主动改善	0.729			
	PI2→主动改善	0.721	0.098	9.715	***
	PI3→主动改善	0.732	0.097	9.796	***
	PI4→主动改善	0.728	0.106	10.167	***
服务创新绩效	SIP11→服务创新绩效	0.808			
	SIP12→服务创新绩效	0.805	0.071	13.616	***
	SIP13→服务创新绩效	0.783	0.070	12.816	***
	SIP21→服务创新绩效	0.705			
	SIP22→服务创新绩效	0.832	0.115	11.174	***
	SIP23→服务创新绩效	0.755	0.109	10.454	***

注：*** 表示显著性水平 $P < 0.001$（下同）。

5.3.2 模型内在质量评估

模型内在质量的评估，即模型内在结构适配度检验。研究首先应该确保潜在变量自身测量的准确性，才可以进一步对潜在变量之间的关系进行分析，所以测量部分的评估应先于结构部分的评估。下面研究将对互动导向、吸收能力、主动改善和服务创新绩效的测量模型分别进行检验和分析。

（1）研究将各变量的主要相关拟合指数汇总于表5-13中，参考相应的标准，可见各变量的相关拟合指数都达到了相应的标准，显示各变量的测量模型皆具有很好的结构效度，可以进一步进行信效度分析。

表5-13　　　　　　　　测量模型的拟合度分析

拟合指标 变量	χ^2/df (<3.000)	RMSEA (<0.080)	NFI (>0.900)	RFI (>0.900)	IFI (>0.900)	TLI (>0.900)	CFI (>0.900)
互动导向	2.064	0.065	0.931	0.912	0.963	0.953	0.963
吸收能力	2.041	0.064	0.933	0.916	0.965	0.956	0.964
主动改善	1.422	0.041	0.991	0.974	0.997	0.992	0.997
服务创新绩效	2.418	0.075	0.975	0.953	0.985	0.972	0.985

（2）信度分析。信度（reliability）是指采用同样的方法对同一对象进行重复测量时，产生结果的一致性程度，即稳定性和可靠性。常用的测量方法有：复本信度（parallel-form reliability）、重测信度（test-retest reliability）和内部一致性信度（internal consistency reliability），其中内部一致性信度估计出来的信度，称为α系数（Cronbach's α），是最常用的信度检验方法，检验标准为：α系数大于0.9，表示信度非常好；大于0.8，表示信度很好；大于0.7，表示量表可能存在一定问题，但仍具有一定的参考价值；0.7以下，则说明量表存在很大问题，需要重新考虑。

研究采用α系数对量表进行信度检验。如表5-14所示，各变量的α系数取值介于0.804~0.921，均高于0.8，表明量表信度很好，结果具有一定的可靠性和稳定性。

表 5－14　　　　　　　　　　　信度分析

变量	题项	维度 α 值	变量 α 值	变量	题项	维度 α 值	变量 α 值
互动导向	IO11	0.820	0.916	吸收能力	AC31	0.898	0.921
	IO12				AC32		
	IO13				AC33		
	IO21	0.851			AC34		
	IO22				AC41	0.821	
	IO23				AC42		
	IO24				AC43		
	IO31	0.844		主动改善	PI1	0.817	0.817
	IO32				PI2		
	IO33				PI3		
	IO41	0.825			PI4		
	IO42			服务创新绩效	SIP11	0.84	0.886
	IO43				SIP12		
吸收能力	AC11	0.822	0.921		SIP13		
	AC12				SIP21	0.804	
	AC13				SIP22		
	AC21	0.879			SIP23		
	AC22						
	AC23						
	AC24						

（3）效度分析。效度即有效性，是指测量工具的测量准确程度，即我们确实是在测量我们想要测量的构念。常用的指标有：内容效度（content validity）、收敛效度（convergent validity）和判别效度（discriminant validity）。

①内容效度。内容效度经常与表面效度混淆，表面效度是由行业外的非专业人士对量表作表面上的检查，查看量表看起来是否是在测量所要测量的对象，而不是检查测量题项是否能够真正反映实际测量的东西；内容效度是由行业内的专家针对量表的内容做出的详尽的、

系统的评价：首先，检查测量的内容是不是准确并全面地包含研究想要测量的构念；其次，查看题项是否具有代表性，并且是不是反映了构念中各成分的重要性比例；最后，查看问卷的形式和措辞是否妥当，是否符合答题者的思维习惯和文化背景。

②收敛效度。收敛效度是指量表与同一构念的其他指标的相互关联的程度，检验标准为：所有题项的因子载荷（factor loading）大于0.5，平均提取方差（Average Variance Extracted，AVE）大于0.5，组合信度（Construct Reliability，CR）大于0.6[①]。平均提取方差AVE和组合信度CR的计算公式如下：

AVE 的计算如下：

$$AVE = \frac{\sum_{i=1}^{n} L_i^2}{n} \quad (5.1)$$

CR 的计算公式如下：

$$CR = \frac{\left(\sum_{i=1}^{n} L_i\right)^2}{\left(\sum_{i=1}^{n} L_i\right)^2 + \left(\sum_{i=1}^{n} e_i\right)} \quad (5.2)$$

其中，L_i表示题项的标准化因子载荷，e_i表示观察变量误差的方差。

③判别效度。判别效度是指一个量表与不同构念之间指标的不相互关联的程度。检验标准为：各变量的平均提取方差（AVE）的平方根应大于该变量与其他变量间的相关系数。

研究借鉴前人开发的成熟量表，并采用双盲翻译、专家评判、经验评定和预测试等方法进行了完善，显示量表具有很好的内容效度。

---

① 平均提取方差（AVE）表示有多大比例的潜变量变异可以用指标变异量来解释，即指标能够解释潜变量的程度；组合信度（CR）反映每个潜变量中所有的题项是否一致性地解释了该潜变量。

另外，如表 5-15 所示，各变量所有题项的因子载荷介于 0.677 ~ 0.871，均大于 0.5。再参考表 5-16，可见各变量的 AVE 值均大于 0.5，CR 值均大于 0.6，说明量表的收敛效度非常好，各变量 AVE 值的平方根皆大于变量间的相关系数，说明量表的判别效度也非常好。

表 5-15　　　　　　　收敛效度分析

变量	题项	因子载荷	AVE/CR	变量	题项	因子载荷	AVE/CR
互动导向	IO11	0.727	AVE = 0.675 CR = 0.892	吸收能力	AC31	0.824	
	IO12	0.831			AC32	0.845	
	IO13	0.784			AC33	0.806	
	IO21	0.780			AC34	0.839	
	IO22	0.799			AC41	0.677	
	IO23	0.726			AC42	0.847	
	IO24	0.770			AC43	0.815	
	IO31	0.856		主动改善	PI1	0.729	AVE = 0.529 CR = 0.818
	IO32	0.792			PI2	0.721	
	IO33	0.781			PI3	0.732	
	IO41	0.782			PI4	0.728	
	IO42	0.820		服务创新绩效	SIP11	0.808	AVE = 0.612 CR = 0.904
	IO43	0.748			SIP12	0.805	
吸收能力	AC11	0.794	AVE = 0.628 CR = 0.869		SIP13	0.783	
	AC12	0.871			SIP21	0.705	
	AC13	0.693			SIP22	0.832	
	AC21	0.815			SIP23	0.755	
	AC22	0.801					
	AC23	0.844					
	AC24	0.764					

5.3.3　模型外在质量评估

模型外在质量的评估，即整体模型适配度检验。吴明隆在其《结

第5章 数据分析和假设检验

表 5-16　　　　　　判别效度分析

变量	CR 值	AVE 值	IO	AC	PI	SIP
吸收能力（IO）	0.892	0.675	**0.822**			
吸收能力（AC）	0.869	0.628	0.385**	**0.792**		
主动改善（PI）	0.818	0.529	0.485**	0.412**	**0.728**	
服务创新绩效（SIP）	0.904	0.612	0.459**	0.297**	0.637**	**0.782**

注：① ** 表示显著性水平 P < 0.01；② 粗体字为 AVE 的平方根。

构方程模型——AMOS 的操作与应用》一书中对模型外在质量的评价指标及其评价标准进行了整理和总结，如表 5-17 所示。

表 5-17　　　　SEM 模型外在质量评价指标及标准

统计检验量	适配的标准或临界值	说明
绝对适配度指标		
c^2 值	显著性概率 P > 0.05（未达显著水平）	对样本总体多变量正态性和样本大小特别敏感，样本越大，模型遭拒概率越大。适用于多组模型比较，如嵌套模型，等同模型
GFI 值	> 0.90 以上	
AGFI 值	> 0.90 以上	
RMR 值	< 0.05	未标准化
SRMR 值	< 0.05	介于 0~1 之间
RMSEA 值	< 0.05（适配良好） < 0.08（适配合理） 0.08 < RMSEA < 0.10，普通适配	惩罚复杂模型。比较稳定，不易受样本规模影响，但小样本中有高估现象
ECVI 值	理论模型 ECVI 值小于独立模型，且小于饱和模型 ECVI 值	可用于不同模型的比较，ECVI 值越小越好
NCP 值	NCP 值越小表示模型较优，90% 置信区间包含 0	可用于不同模型的比较
增值适配度指标		
NFI 值	> 0.90 以上	评价不同模型时精确稳定，比较嵌套模型特别有用

续表

统计检验量	适配的标准或临界值	说明
TLI 值	>0.90 以上	用最大似然估计评价较好,最小二乘较差,可以比较嵌套模型
CFI 值	>0.90 以上	用最大似然估计评价较好,最小二乘较差,可以比较嵌套模型。小样本中仍然稳定
RFI 值	>0.90 以上	
IFI 值	>0.90 以上	
简约适配度指标		
PGFI 值	>0.50 以上	惩罚复杂模型
PNFI 值	>0.50 以上	自由度不同的模型比较时,差值在 0.06~0.09,视模型间有真实差异存在。惩罚复杂模型
CN 值	>200	表示在统计检验的基础上,接受虚无模型的最大样本数
NC 值（c^2 自由度比值,规范卡方）	1<NC<3,表示模型有简约适配度,NC>5,表示模型需要修正	对样本总体多变量正态性和样本大小特别敏感,不适合小样本数据实用。多组模型比较特别有用
AIC	理论模型 AIC 值小于独立模型,且小于饱和模型 AIC 值	越接近 0 表示模型契合度高且模型越简约。可用于多模型选择。样本大于 200,数据要符合多变量正态分布
CAIC	理论模型 CAIC 值小于独立模型,且小于饱和模型 CAIC 值	越小表示模型契合度高且模型越简约。可用于多模型选择。样本大于 200,数据要符合多变量正态分布

基于本书的理论研究框架构建假设模型——以互动导向为自变量,以吸收能力和主动改善共同为中介变量,以服务创新绩效为因变量的复合式多重中介模型。另外,为了寻求最优模型,研究还构建了五个竞争模型与之进行比较。如图 5-5~图 5-10 所示,M0 为假设模型,即以吸收能力和主动改善为中介的复合式多重中介模型;M1 为以吸收能力和主动改善为中介的并行多重中介模型;M2 为以吸收能力和主动改善为中介的链式多重中介模型;M3 为仅以吸收能力为

中介的简单中介模型；M4 为仅以主动改善为中介的简单中介模型；M5 为互动导向至服务创新绩效的直接作用模型。

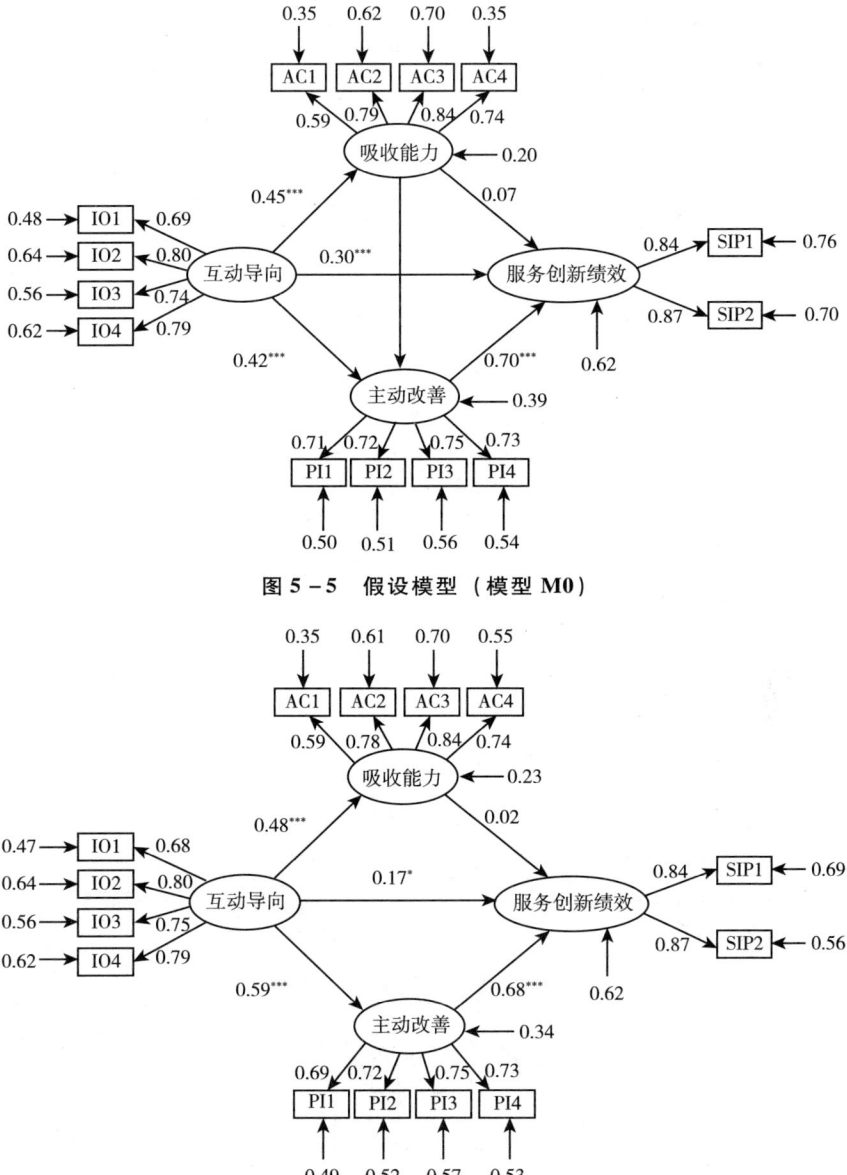

图 5-5　假设模型（模型 M0）

图 5-6　以吸收能力和主动改善为中介的并行多重中介模型（模型 M1）

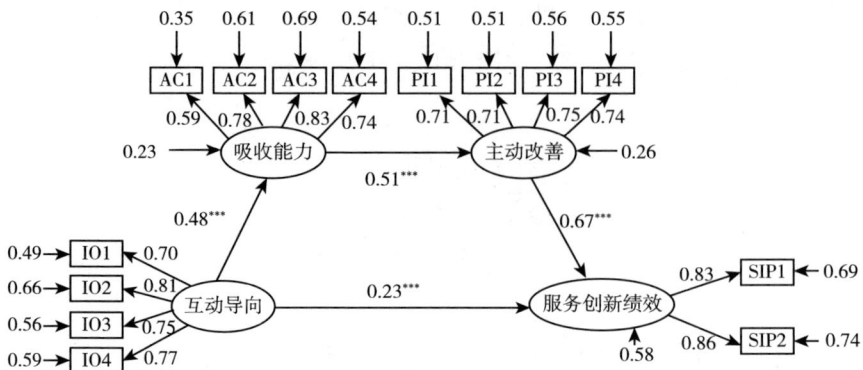

图 5-7 以吸收能力和主动改善为中介的链式多重中介模型（模型 M2）

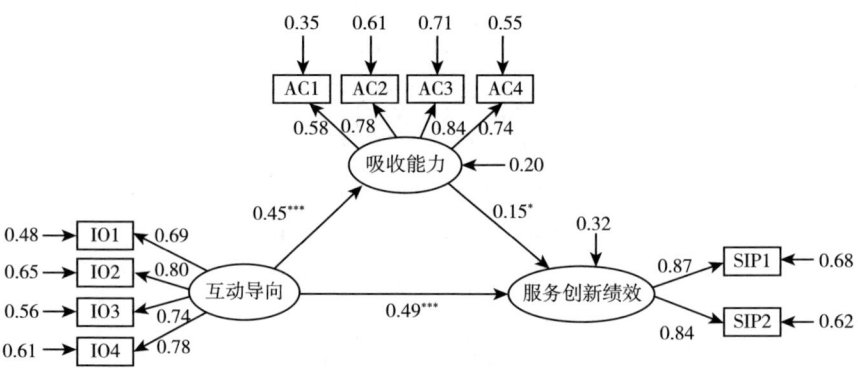

图 5-8 以吸收能力为中介的简单中介模型（模型 M3）

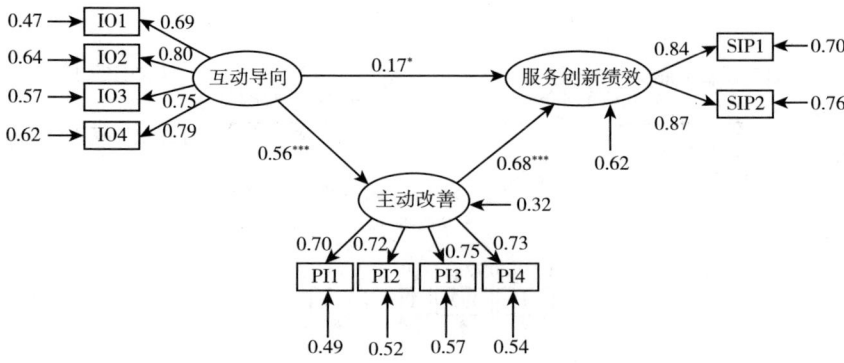

图 5-9 以主动改善为中介的简单中介模型（模型 M4）

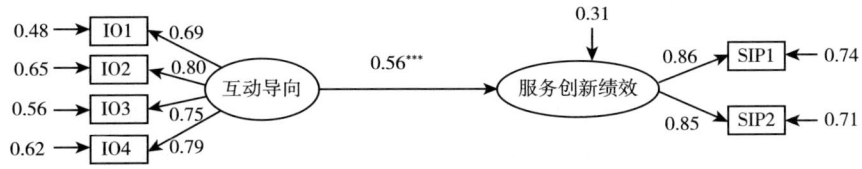

图 5 – 10　互动导向对服务创新绩效的直接作用模型（模型 M5）

为便于模型间的比较，研究将所有模型的主要拟合指数进行汇总于表 5 – 18 模型比较中，参考相应的标准，可见虽然所有模型都基本符合相应的标准，但假设模型的拟合度最好。另外，遵循简约原则，可见假设模型为最优模型，因此后期研究将依据假设模型进一步对假设进行检验。

表 5 – 18　　　　　　　　竞争模型拟合度比较

拟合指标 模型	χ^2/df (<3.000)	RMSEA (<0.080)	NFI (>0.900)	RFI (>0.900)	IFI (>0.900)	TLI (>0.900)	CFI (>0.900)
M0	2.118	0.066	0.913	0.888	0.952	0.938	0.951
M1	2.303	0.072	0.904	0.878	0.943	0.927	0.942
M2	2.506	0.077	0.894	0.867	0.933	0.916	0.933
M3	2.474	0.076	0.931	0.904	0.958	0.940	0.957
M4	2.961	0.088	0.923	0.891	0.947	0.925	0.947
M5	5.071	0.127	0.941	0.890	0.952	0.910	0.952

注：M0 为假设模型；M1 为以吸收能力和主动改善为中介的并行多重中介模型；M2 为以吸收能力和主动改善为中介的链式多重中介模型；M3 为仅以吸收能力为中介的简单中介模型；M4 为仅以主动改善为中介的简单中介模型；M5 为互动导向对服务创新绩效的直接作用模型。

5.4　假设检验

结构方程模型分析是一种集路径分析、验证性因子分析和多元回归分析等方法为一体的综合性的数据统计分析方法，具有诸多优点，如可以同时处理多个因变量、能够同时对因子结构和因子之间的关系进行估计、允许自变量与因变量含有测量误差、能够包容更大弹性的测量模型等，因此，在社会科学、经济学和管理学等多个领域得到广泛应用，已成为多元数据分析的重要工具之一。由于本书涉及变量较多且变量间的关系较为复杂，为了更加科学地探索变量间的影响路径和作用机制，研究选择结构方程模型分析方法对研究假设进行检验。

特别说明一点，本书会启动 AMOS 17.0 软件的 Bootstrap 程序对变量间的多重中介效应做进一步检验。中介变量是科学研究中的一个非常重要的统计概念，学者们进行中介研究的目的在于在已知自变量 X 和因变量 Y 的关系的基础上，探索它们之间的内部作用机制，相较于简单的回归分析，中介效应分析不仅体现了研究方法上的进步，也显示了理论研究上的深入性[257]。近年来，国内学者在诸多领域的研究中展开了大量的中介效应研究并取得了很大的进展[258,259]，不过，现有的中介效应研究多为简单的中介效应（simple mediation effect）研究，即研究仅涉及一个中介变量，对于多重中介效应（multiple mediation effect）的研究还比较少，即自变量与因变量之间存在两个以上的中介变量，显然，后者的相关研究所涉及的变量关系更加复杂，但同时也更能揭示变量间的深层作用机制而具有更大的研究价值[260,261]。

依据中介变量间关系，多重中介模型可以分为三种类型[262,263]：

第一种，并行多重中介模型。如图 5-11 所示，在这种模型中，各中介变量之间的关系为互不影响的并列关系，即多个中介变量在自变量与因变量之间各自发挥其中介效应。

第二种，链式多重中介模型。如图 5-12 所示，在这种模型中，各变量不再相互独立，而是以一定的顺序以串联的方式共同在自变量与因变量之间发挥中介作用。

第三种，复合式多重中介模型。这种模型是前两种模型的混合形式，各中介变量之间既存在串联关系又存在并联关系，即各中介变量

第 5 章 数据分析和假设检验

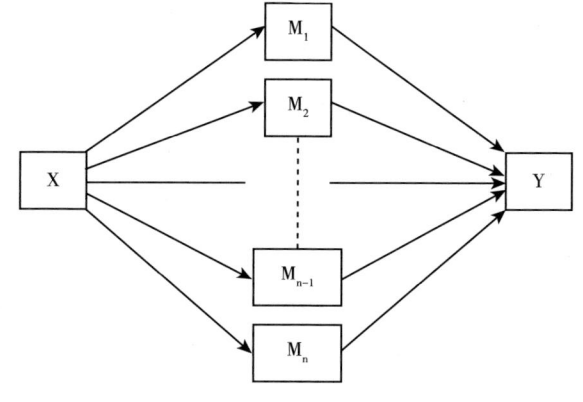

图 5-11 并行多重中介模型

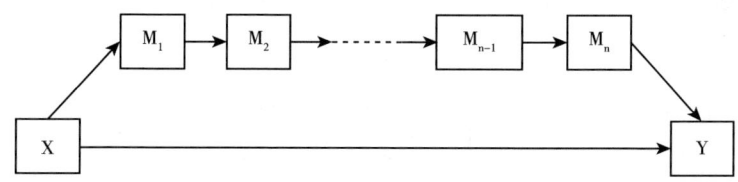

图 5-12 链式多重中介模型

既可以独自在自变量与因变量之间发挥中介作用，也可以共同产生中介效应，是一种更为复杂的多重中介模型。

5.4.1 直接效应检验

首先，研究对变量间的直接效应进行检验。研究将假设模型的主要输出数据汇总于表 5-19 直接效应检验中，从参考变量间的标准化路径系数等参数值可知，互动导向至服务创新绩效的标准化路径系数为 0.190（P=0.014），说明互动导向对服务创新绩效具有显著的直接正向影响，假设 H1 得到验证；互动导向至吸收能力的标准化路径系数为 0.449（P<0.001），说明互动导向对吸收能力具有显著的直接正向影响，假设 H2 得到验证；吸收能力至服务创新绩效的标准化路径系数为 0.068（P=0.336），说明吸收能力对服务创新绩效的直接正向

影响不显著，假设 H3 没有得到验证；互动导向至主动改善的标准化路径系数为 0.429（P＜0.001），说明互动导向对主动改善具有显著的直接正向影响，假设 H5 得到验证；主动改善至服务创新绩效的标准化路径系数为 0.699（P＜0.001），说明主动改善对服务创新绩效具有显著的直接正向影响，假设 H6 得到验证；吸收能力至主动改善的标准化路径系数为 0.300（P＜0.001），说明吸收能力对主动改善具有显著的直接正向影响，假设 H8 得到验证。综上所述，假设 H3 没有得到支持，假设 H1、H2、H5、H6 和 H8 皆获得了支持。

表 5－19　　　　　　　　　直接效应检验

假设	路径关系	标准化路径系数	标准误差	C.R.	P 值	检验结果
H1	互动导向→服务创新绩效	0.190*	0.082	2.456	0.014	支持
H2	互动导向→吸收能力	0.449***	0.074	5.330	***	支持
H3	吸收能力→服务创新绩效	0.068	0.086	0.962	0.336	不支持
H5	互动导向→主动改善	0.429***	0.095	5.308	***	支持
H6	主动改善→服务创新绩效	0.699***	0.090	7.104	***	支持
H8	吸收能力→主动改善	0.300***	0.109	3.533	***	支持

注：*表示显著性水平 P＜0.05，***表示显著性水平 P＜0.001（下同）。

5.4.2　变量间效应分析

参考 5.4.1 小节的竞争模型分析，在仅以吸收能力为中介的简单中介模型（模型 M3）中，吸收能力对服务创新绩效的影响路径系数是显著的，而加入主动改善这一中介变量时，吸收能力对服务创新绩效的影响路径系数则不再显著，再结合前面的理论分析和假设推导，研究推测：吸收能力至服务创新绩效的影响路径中存在中介变量，即主动改善这一变量很可能完全中介了吸收能力对服务创新绩效的影响，即主动改善与吸收能力共同在互动导向对服务创新绩效的影响机制中发挥着复杂的双中介作用。

针对以上问题，研究对变量之间的效应进行了统计分析。由表 5-20 可知，互动导向与服务创新绩效之间、吸收能力与服务创新绩效之间和互动导向与主动改善之间都既存在直接效应又存在间接效应，由此研究推测它们之间存在中介变量。特别是吸收能力对于服务创新绩效虽然没有直接效应，但是却存在着间接效应，由此可见，两者之间应该存在完全中介变量。因此，以下研究将对变量间的间接作用做进一步的检验。

表 5-20　　　　　　　　变量间的效应分析

路径关系	直接效应	间接效应	总效应
互动导向→吸收能力→主动改善→服务创新绩效	0.190	0.363	0.553
互动导向→吸收能力	0.449	—	0.449
吸收能力→主动改善→服务创新绩效	0.068	0.210	0.141
互动导向→吸收能力→主动改善	0.429	0.135	0.564
主动改善→服务创新绩效	0.699	—	0.699
吸收能力→主动改善	0.300		0.300

5.4.3　间接效应检验

研究启用 AMOS 17.0 软件的 Bootstrap 程序对变量间的多重中介效应做进一步检验。首先，采用重复随机抽样的方法在原始数据（N=254）中抽取 5000 个 Bootstrap 样本，通过结构方程模型分析，生产 5000 个中间效应的估计值并排序，用第 2.5 百分位数和第 97.5 百分位数估计 95% 的置信区间，如果这些路径系数 95% 的置信区间没有包括 0，表明效应显著，反之，则不显著。其中，当间接效应的置信区间不包含 0 时，说明存在中介效应，与此同时，直接效应的置信区间不包含 0 说明是部分中介，而直接效应的置信区间包含 0 说明是完全中介。分析结果汇总于表 5-21 中。

表 5-21　　间接效应检验

路径关系	直接效应	95% 置信区间		间接效应	95% 置信区间		总效应
		下限	上限		下限	上限	
互动导向→吸收能力→主动改善→服务创新绩效	0.190*	0.028	0.339	0.363***	0.243	0.504	0.553
互动导向→吸收能力	0.449***	0.293	0.584	—	—	—	0.449
互动导向→吸收能力→主动改善	0.429***	0.236	0.597	0.135***	0.043	0.262	0.564
吸收能力→主动改善	0.300***	0.117	0.503	—	—	—	0.300
吸收能力→主动改善→服务创新绩效	0.068	-0.072	0.227	0.210***	0.080	0.380	0.278
主动改善→服务创新绩效	0.699***	0.546	0.858	—	—	—	0.699

注：*表示显著性水平 $P < 0.05$，*** 表示显著性水平 $P < 0.001$。

结合表 5-21 进行分析：

（1）在路径互动导向→吸收能力→主动改善→服务创新绩效中（路径①），直接效应 95% 置信区间没有包含 0，说明互动导向对服务创新绩效具有显著的直接正向影响（$\beta = 0.190$，$P = 0.014$），假设 H1 再次得到验证。间接效应 95% 置信区间也没有包含 0，说明吸收能力和主动改善共同在吸收能力与服务创新绩效之间发挥部分中介作用，假设 H4 和假设 H7 得到初步验证。

（2）在路径互动导向→吸收能力中（路径②），直接效应 95% 置信区间没有包含 0，说明互动导向对吸收能力具有显著的直接正向影响（$\beta = 0.449$，$P < 0.001$），假设 H2 再次得到验证。

（3）在路径互动导向→吸收能力→主动改善中（路径③），直接效应 95% 置信区间没有包含 0，说明互动导向对主动改善具有显著的直接正向影响（$\beta = 0.429$，$P < 0.001$），假设 H5 再次得到验证。间接效应 95% 置信区间也没有包含 0，说明吸收能力在互动导向与主动改善之间发挥部分中介作用。

（4）在路径吸收能力→主动改善中（路径④），直接效应95%置信区间没有包含0，说明吸收能力对主动改善具有显著的直接正向影响（β=0.300，P<0.001），假设H8再次得到验证。

（5）在路径吸收能力→主动改善→服务创新绩效中（路径⑤），直接效应95%置信区间包含0，说明吸收能力对服务创新绩效的直接正向影响不显著（β=0.068，P=0.336），假设H3没有得到验证。间接效应95%置信区间没有包含0，说明主动改善在吸收能力与服务创新绩效之间发挥完全中介作用。

（6）在路径主动改善→服务创新绩效中（路径⑥），直接效应95%置信区间没有包含0，说明主动改善对服务创新绩效具有显著的直接正向影响（β=0.699，P<0.001），假设H6再次得到验证。

（7）参考路径①、路径③和路径⑤，再结合本书的假设模型可知，吸收能力和主动改善共同在互动导向与服务创新绩效之间发挥中介作用，两者共同的中介效应为0.363，占总效应的65.642%，其中，主动改善单独的中介效应为0.300，占总效应的54.250%，吸收能力不能够独自发挥中介效应，而是与主动改善一起组成链式结构，在互动导向与服务创新绩效之间发挥部分中介作用，假设H4和假设H7再次得到验证。

假设模型的最终输出图如图5-13所示。

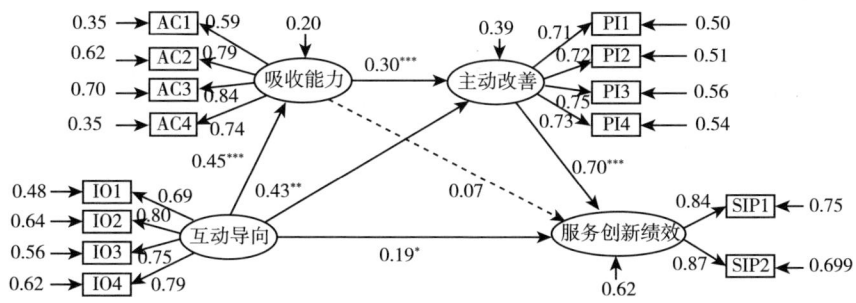

图5-13 假设模型输出

注：虚线表示不显著。

本章小结

以第 3 章构建的理论研究框架和第 4 章收集的截面数据为基础,本章使用 SPSS 20.0 和 AMOS 17.0 软件展开详细的实证分析。首先,对问卷收集的问卷数据进行整理和录入,保证数据的正确性和完整性;其次,对数据进行初步分析,包括方差齐次性检验、正态性检验和共同方法偏差检验等,并对样本企业信息和各变量的基本特征进行了描述性统计分析,形成对数据初步的认识和了解;再次,展开验证性因子分析,包括模型基本适配度检验、模型内在质量检验和模型外在质量检验,以保证量表的信效度和选择最优模型;最后,进行结构方程模型分析,以验证互动导向、吸收能力、主动改善和服务创新绩效等各变量间的关系,明确互动导向对服务创新绩效的影响路径和作用机制,得出相关研究结论。

互动导向对服务
创新绩效的影响
机制研究
Chapter 6

第6章 总 结

6.1 研究结果和讨论

研究选取254家服务企业信息进行实证分析，基于互动导向视角，并将吸收能力和主动改善共同作为中介变量纳入其中，构建一个复合式多重中介模型进行结构方程模型分析以探索服务创新绩效的影响机制，主要研究结果和讨论如下：

（1）互动导向对服务创新绩效具有显著正向影响，且既具有直接作用又具有间接作用，影响路径分别为：①互动导向→服务创新绩效；②互动导向→主动改善→服务创新绩效；③互动导向→吸收能力→主动改善→服务创新绩效。由此可见，服务经济时代中实施互动导向可以通过多种途径对服务创新绩效产生积极影响，基于个体层面对市场进行细分十分必要。首先，充分利用现代信息技术，尤其是新兴的多媒体技术，积极开展关系营销、体验式营销和整合营销等多种形式的网络营销活动，努力构建多渠道、开放式和交互的企业—顾客交流平台，帮助企业及时准确地掌握顾客需求特征与变化规律，提高企业的市场响应能力，从而在动荡的市场环境中及时发现和把握市场机遇；其次，通过大数据的收集和挖掘，对顾客进行价值管理，明确每位顾客所能为企业带来的收益，突破以往营销生产力难以测量的困境，帮助企业合理分配企业有限资源，提高企业的投资回报率和利润；最后，积极进行顾客授权，将顾客这种宝贵的不竭资源纳入企业服务创新过程中来，有利于不断提高顾客主人翁意识，充分激活顾客潜在需求，激励顾客与企业共同致力于新服务的开发与市场推广，最终帮助企业获取良好的服务创新绩效。

（2）互动导向对吸收能力具有显著的直接正向影响，吸收能力对服务创新绩效的直接影响并不显著，但可以通过主动改善对服务创新绩效产生间接积极作用，验证了"互动导向→吸收能力→主动改善→服务创新绩效"这一路径的合理性,且两者串联的中介效应为 0.090,占总效应的 16.288%。与互动导向的直接效应和主动改善单独的中介效应相比,吸收能力的直接效应并不显著,中介效应也相对较弱且必须通过主动改善发挥作用,这一结论可以解释为:一方面,信息的吸收和转化需要一个过程,新知识使用后的效果显示也需要一定的时间,所以短时间内吸收能力对服务创新绩效的直接影响可能不太明显;另一方面,如前所述,吸收能力侧重于企业内在竞争力的培养,可以为主动改善提供有效的信息参考和智力支持,但最终效果的显现必须经过主动改善这一创新实践才能得以落实,即吸收能力的影响必须通过主动改善发挥作用,对服务创新绩效产生间接正向影响。尽管短期内吸收能力对服务创新绩效的影响并不显著,但作为企业重要的动态能力之一,吸收能力对企业核心竞争力的培养具有重要意义,关系企业的长期发展,具有更加深远的影响,必须受到企业重视。特别是随着电子商务的迅速发展和推广,数据呈现爆发式的增长,同时,科技发展日新月异,特别是网络信息技术的更新与变革更加迅速,因此企业必须积极地学习先进的知识与技术,不断提高企业的信息获取、吸收与转化能力,为企业发展提供丰富的信息资源,并且应将转化后的新知识及时运用于企业运营实践,最大限度地保持信息的时效性,形成对市场环境的快速响应,为企业战略决策提供强有力的智力支持。

(3) 互动导向对主动改善具有显著的直接正向影响,主动改善对服务创新绩效具有显著的直接正向影响,并且主动改善可单独在互动导向与服务创新绩效之间发挥部分中介作用,作用路径为:互动导向→主动改善→服务创新绩效,且其单独的中介效应为 0.300,占总效应的 54.226%。由此可见,主动改善解释了互动导向对服务创新绩效影响的绝大部分变异,成为互动导向对服务创新绩效作用机制中的关键变量。这说明企业不仅要在思想上树立顾客观念,更要落实到企业运营实践中,进行主动改善。随着服务经济的进一步发展,一方面，顾客需求差异化越来越明显，企业只有在互动导向指导下，针对顾客需求特征进行个性化推荐，参考顾客价值制定相应的改善方案，积极开展具有人文关怀的营销活动，才能不断提高企业主动改善的能力与效率；另一方面，市场需求瞬息万变，企业不应局限于满足顾客当前的需求，还应通过数据挖掘以发现顾客潜在需求并形成对顾客未来需求变化进行一定程度的预测，然后通过进行持续的服务改进与创新以维持市场优势地位，保证企业的长远利益。

（4）吸收能力对主动改善具有显著的直接正向影响，并且吸收能力和主动改善共同在互动导向与服务创新绩效之间发挥中介效应，共包含两条路径："互动导向→主动改善→服务创新绩效"和"互动导向→吸收能力→主动改善→服务创新绩效"，两者共同的中介效应为0.363，占总效应的65.642%，成为互动导向与服务创新绩效间复杂作用机制的重要影响因素。由此可见，企业应该将吸收能力和主动改善"双管齐下"，既要时刻关注对信息的获取、吸收和转化，又要将转化后的新知识积极加以利用，真正运用到企业的生产实践中，进行持续的服务改进和创新，不断以优质的新服务和超值的增值服务为顾客带来全新感受和良好体验，从而获取顾客满意和忠诚，提高企业销售额和市场占有率等，最终帮助企业获取良好的服务创新绩效。

6.2 研究意义

6.2.1 理论意义

第一，研究引入 Ramani 和 Kumar[15] 提出的互动导向理论，并结合服务经济的时代背景、大数据环境和价值共创模式等情境因素对该理论进行了深入剖析，丰富了市场营销理论。

第二，基于互动导向这一新的视角对服务创新展开研究，并且通

第6章 总 结

过选取 254 家服务企业进行结构方程模型分析，实证结果显示，互动导向可以通过多种途径对服务创新绩效产生积极作用。这一重要结论不仅为新时代背景下的企业服务创新提供了有效指导，而且也为如何激励顾客参与、如何开展顾企互动，又如何在互动中实现价值共创等服务创新的内在机制问题的研究提供了新的视角和思路。

第三，研究首次将互动导向、吸收能力、主动改善和服务创新绩效等四者综合在同一个理论框架中进行系统研究，通过构建一个复合式的多重中介模型进行结构方程模型分析，分别验证了：互动导向对吸收能力、主动改善和服务创新绩效具有显著的直接正向影响，吸收能力对主动改善具有显著的直接正向影响，主动改善对服务创新绩效具有显著的直接正向影响，而且吸收能力与主动改善共同在互动导向与服务创新绩效的关系之中发挥双中介作用。这些研究结论明确了互动导向、吸收能力、主动改善和服务创新绩效四者之间的关系与作用机制，显示互动导向与服务创新绩效之间存在着复杂的作用机制，不仅为企业如何有效实施互动导向以提高服务创新绩效提供了具体实践指导与借鉴，也为互动导向、吸收能力与主动改善的证实与推广提供了强有力的理论支持，为服务创新研究做出独特贡献。

6.2.2 实践意义

第一，互动导向通过多种途径对服务创新绩效产生积极影响，这一结论为新时代背景下的企业服务创新提供重要启示：

（1）企业应基于个体层面对顾客进行细分，充分把握每位顾客的需求特征和顾客之间的需求差异。随着顾客消费理念的日益成熟，顾客对服务的个性化要求不断提升，因此企业必须基于个体层面对顾客进行分析，从而细致地掌握每位顾客、每个阶段的不同需求，进而开展精细营销，通过提供差异化和定制式的服务来提高服务创新的效率，进而获取顾客满意和忠诚。

（2）企业应积极与顾客互动，构建良好的社会关系网络。面对纷繁复杂和瞬息万变的市场环境，企业必须与顾客进行频繁的交流与良好互动，如此，才能动态地掌握顾客需求变动，并通过企业与顾客之间、顾客与顾客之间的交叉交流等，形成口碑效应，促进新服务的市场推广并传播企业文化和经营理念等，帮助企业树立良好形象，打造良好的社会关系，增强企业的社会网络资本，帮助企业构建开放的协同创新网络，为企业服务创新提供有力的外部支持与组织保障。

（3）企业应充分对顾客授权，积极鼓励顾客参与到服务创新过程中来。开放的社会网络和平等的用户关系使顾客参与服务创新的热情不断提高，因此企业应及时把握服务经济发展的新契机，充分借助新兴媒体，在更广范围和更深层次上与顾客互动、对顾客授权，以便将顾客这种宝贵资源有效纳入服务创新过程中来，更好地聆听顾客的意见和建议、吸收顾客的异质性知识和不断激活顾客潜在需求，真正实现企业与顾客的价值共创。

（4）企业应构建完善的信息管理系统，注重大数据挖掘与分析。先进的信息技术是互动导向得以有效实施的技术保障，因此企业应努力学习和利用先进的信息技术，特别是那些智能化和互动性强的新兴媒体、社会化媒体，如在线社区、微博、微信、SNS社区等自媒体平台和组织媒体平台等，积极开展体验式营销和社交媒体营销等各种新形式的网络营销，不断增强与顾客的互动，实现对营销过程的实时监控与管理，及时根据市场变动调整企业营销方案，努力降低企业服务创新的成本和风险，提高企业服务创新的效率与利润。

第二，吸收能力对主动改善具有直接正向影响，并与主动改善一起在互动导向与服务创新绩效直接发挥中介作用，这一结论显示了吸收能力在服务创新中的重要作用。打造良好的吸收能力涉及组织战略层面，需要企业从多个方面进行努力：

（1）建立学习型组织。企业打造良好的吸收能力首先应该从提高员工素质开始，通过人才引进、及时培训、随时监督、定期考核、

第6章 总　　结

奖罚分明等措施构建企业完善的人才培养机制和营造浓郁的学习氛围与创新环境，激励员工随时关注企业内外的相关信息，主动学习先进的知识与技术，并将获取的新知识与技术积极应用在为顾客服务的生产实践中，不断以优异的服务为顾客带来超值体验，帮助企业打造良好的企业形象。

（2）进行组织结构调整和优化。现代信息技术的发展为企业管理提供了极大的便利，因此企业可以通过组织结构调整以促进企业内部各部门之间的沟通与协作，努力打破制约创新的组织"瓶颈"，促使重要信息和先进知识在组织内外快速流通，为信息的吸收、转化和利用等提供良好的平台和强有力的组织支持，最大限度地保持信息和知识的时效性，帮助企业打造敏捷的市场响应能力，从而在动荡的市场环境中先人一步抢占市场先机。

（3）打造企业核心竞争力。首先，企业应积极打造开放式、多渠道和交互式的信息沟通与交流机制，以便及时获取外部的异质性和多样化的信息；其次，加大科研投入，提高企业的信息吸收能力，增强企业对知识整合，从而增加企业知识储量，优化企业知识结构，提高企业研发水平；最后，将吸收和转化后的新知识迅速与企业原有技术与资源相结合，积极运用到企业生产实践中，开发出具有企业自身特色的新产品和新服务，培养企业核心竞争力，帮助企业获取和保持在市场竞争中的优势地位。

第三，主动改善对服务创新绩效具有显著的直接正向影响，并在互动导向与服务创新绩效之间发挥部分中介作用，这启示企业不仅要在思想上树立顾客观念，更要落实到企业运营实践中进行主动改善：

（1）积极开展精准营销。企业在互动导向指导下对顾客进行价值管理，帮助企业对每次营销活动中每位顾客所能为企业带来的价值进行有效测量，进而帮助企业依据顾客价值大小（包括现实的与潜在的）为其制定差异化的营销服务方案，实现对顾客的精准定位，即有效指导企业应为哪些顾客提供何种类型和何种程度的增值服务，为企业主动改善提供了方向性的指引,有利于提高企业主动改善的能力与效率。因此企业应在主动改善的过程中积极开展精准营销,科学分配企业有限资源,提高企业的投资回报率和利润。

(2) 从满足需求到创造需求。企业应构建完善的顾客信息管理系统,充分结合顾客的特殊成长背景、专业知识和个性化需求等因素,针对顾客当前面临的问题主动地为其提供解决方案和购买建议,从被动响应到主动出击,深度挖掘和有效激活顾客的潜在需求,从满足顾客需求到创造顾客需求,不断填补市场空白,开拓新的市场领域。

(3) 进行持续的服务改进与创新。随着服务生命周期的缩短,为保证顾客粘性,保持企业的市场优势地位,企业应对新服务进行持续的改进和创新,通过密切关注顾客的情感体验和心理感受,有效开展具有人文关怀的营销活动,不断激励顾客参与到服务创新过程中来,为企业发展献计献策,从而帮助企业不断完善服务质量、增强顾客的消费体验、丰富服务种类、提高新服务的吸引力和促进新服务的市场推广等,保障企业的长远利益。

第四,吸收能力和主动改善共同在互动导向与服务创新绩效之间发挥中介效应,这启示企业应在新时代背景下积极贯彻互动导向,并将吸收能力和主动改善"双管齐下",既要时刻关注对信息的获取、吸收和转化,特别是能够更加有效地处理那些半结构化和非结构化数据,增强企业的知识整合能力,将顾客的异质性知识有效地转化为企业创新的智力源泉,又要对转化后的新知识积极加以利用,及时运用到企业的生产实践中,通过为顾客提供义务之外的增值服务和持续的服务改进与创新,不断为顾客带来全新感受和优质体验,促使顾客以更大的热情和更高的奉献精神参与到服务创新过程中来,最终实现企业与顾客的价值共创。

第五,为了保障互动导向的顺利实施,有效促进企业服务创新,企业还应注意以下事项:

第6章 总　　结

（1）做好信息安全工作。信息安全性是指信息的可用性、可靠性、完整性和保密性，信息安全工作的实质就是保护信息资源或者信息系统免受干扰、威胁和破坏。虽然研究提倡企业积极主动地获取广泛的外部信息，构建企业大数据资料库，但正是由于大数据中蕴含着极高价值的信息资源，而信息资源又是企业制定战略决策的重要参考依据，因此企业在信息的获取、吸收与转化过程中一定要做好信息的安全工作，如不非法买卖信息、不私自篡改信息、做好防病毒工作、关注数据备份与恢复、防止网络攻击与信息泄露等，以保护企业信息资源和保障顾客的合法权益。

（2）避免陷入大数据分析的旋涡。大数据在为企业带来巨大价值的同时也对企业的信息化水平提出了更高要求，研究虽提倡企业积极学习和利用先进的信息技术，注重大数据挖掘，但企业仍须量力而行，而不是盲目跟风、冒进，特别是投入大量资金去购买或者开发先进的信息处理技术，但是人才引进和技术培训却相对滞后，从而造成企业资源的极大浪费。又或者仅仅是热衷于对大数据的分析与挖掘，而不能及时地将获取的重要资讯应用于企业的生产实践，从而造成信息价值的流失。因此，企业不能囿于玩数据游戏，而是树立学以致用的正确观念，及时地将获取的新的知识应用于企业实践，才能最终为企业带来切实利益。

（3）避免过度营销。过度营销是指企业在营销过程中过度地使用或者依赖一些营销手段，而忽略顾客核心诉求的一种现象。如过度的市场细分、过度的广告促销、过度的功能营销等，如此不仅会造成企业成本的增加和企业资源的浪费，还极易引起顾客的不满和反感。即使是前面研究所提到的"精准营销"，也要求企业把握其"度"，即企业应始终关注顾客的核心诉求并采用具有人文关怀的方式展开营销和服务，而不是凭借其所掌握的充分信息而对顾客进行"狂轰滥炸"，最终使企业不受其利，反受其害。

第六，对我国企业发展的特别启示。目前对于我国企业来说，一方面，处在转型升级的关键时期，再加上经济全球化和服务经济的冲击，以互动导向为指导，充分利用信息技术以改造和提升传统产业，借助"后发优势"，以信息化带动工业化，以工业化促进信息化，促进产业结构调整和经济发展模式的转变，无疑将对我国经济发展产生重大影响；另一方面，电子商务发展迅速，我国的网民规模日益庞大，以互动导向为指导，积极利用互联网技术，尤其是利用虚拟社区、论坛、微博、Facebook、BBS、大众点评等互动性强的新兴媒体大力开展关系营销、体验式营销、整合营销和移动营销等多种形式的网络营销，将不仅有助于企业深入挖掘顾客潜在需求而开辟新的市场，还可以将顾客这种宝贵资源纳入企业生产体系，打造企业可持续的竞争力，为企业长远发展提供不竭的动力。

6.3　研究不足与展望

在本书的设计和分析中，笔者力求遵循严谨的理论分析和采用科学的研究方法，但由于个人学术水平、科研经费和调查时间等方面的限制，使研究还存在一些不足之处。

第一，研究样本选择的局限性。首先，研究选择广州、济南和吉首三个城市作为一二三线的代表城市，然后分别以它们为据点，向周围城市辐射，进行样本信息采集，在一定程度上考虑了不同经济发展水平城市间的差异性，并通过提高样本的代表性来促进研究结果的可推广性和适用性，但是相较于全国范围内的样本采集仍具有一定的局限性，如不能兼顾东中西部地区间的差异性、沿海城市与内陆城市间的差异性等，未来研究可以进一步扩大样本采集的范围以提高研究的普适性；其次，研究仅以旅游企业、物流企业和金融企业等服务企业研究对象，并没有涉及制造企业或高新技术企业等其他行业的企业，更没有进一步地考察它们之间的差异性，这也是未来研究的一个方

第6章 总　结

向；再次，研究最终收集了254个企业样本，虽不影响本次研究，但可能会影响研究的可延伸性。例如，今后可以充分考虑以上两点的局限性，在更广范围上收集更多类型的企业大样本，从一个方向对所有企业样本进行整体研究，通过进一步提高样本的代表性来尽量消除地域等因素的影响，提高研究结论的普适性。另一个方向是扩充每种类型企业的样本量，通过多群组分析，或者是考虑加入企业规模和企业年龄等控制变量[264]，展开更深入细致的研究，以检验不同地区或不同行业间的差异性，提高研究的理论价值。

第二，研究方法的局限性。研究采用问卷调查的方法进行数据收集，虽然该方法因节省人力物力且结果容易量化等优点而在学术界得到日益广泛的应用，但仍不能忽略其缺点：结构化的调查、容易受到被调查者的主观影响等的局限性。另外，研究调查收集的截面数据，使用SPSS 20.0和AMOS 17.0软件进行了统计分析，虽然在问卷的设计和数据收集过程中，我们鼓励企业管理者有时间间隔地进行答题，但仅仅是做了提醒和建议，缺乏程序上的严格监督和控制。今后，为了更科学地检验变量间的关系，可再次采用主观性量表的方法收集面板数据，或者从相关数据库中收集大量二手数据，或者是采用格兰杰因果关系检验法，或案例分析法等其他研究方法，以进一步验证相关理论。

第三，理论剖析的局限性。首先，研究采用的量表皆是借鉴了国外学者开发和使用的成熟量表，虽然所有数据皆通过统计验证，但鉴于我国的特殊国情，应以我国企业为例开发新的量表才具有特殊意义，特别是对于互动导向这一构念来说，相关研究才刚刚起步，为了更好地了解其深刻内涵，基于我国特殊的经济和文化背景进一步挖掘互动导向理论的深刻内涵和开发新的互动导向量表将具有重要意义；其次，在本书的研究中，互动导向和吸收能力皆是多维度的构念，其中，在互动导向的相关研究中，目前尚无学者从维度的视角展开研究，这将是未来研究的一个重要方向。在吸收能力的相关研究中，已有一些学者针对其不同维度进行了更加深入的分析，那么在本书的研究框架中，吸收能力的不同维度是否发挥着不同的作用机制尚不明确，这也是未来研究的一个方向；最后，本书发现，吸收能力和主动改善共同在互动导向与服务创新绩效的关系之中发挥部分中介作用，为了进一步明确互动导向对服务创新绩效的影响机制，还应继续寻找其他中介变量，如组织学习、知识整合等，或者验证市场环境等因素的调节作用开展后续研究以明确互动导向对服务创新绩效的影响边界[265]，从而为新时代背景下的服务创新研究做出更大贡献。

参 考 文 献

[1] Hill A. V., Collier D. A., Froehle C. M., et al. Research opportunities in service process design [J]. Journal of Operational Manangement. 2002, 20 (2): 189 – 202.

[2] Li E. Y., Zhao X. D. From p – services to e – services [J]. International Journal of Service Industry Management. 2003, 14 (5): 480 – 482.

[3] Peng J., Quan J., Zhang S. Mobile phone customer retention strategies and Chinese e – commerce [J]. Electronic Commerce Research and Applications. 2013, 12 (5): 321 – 327.

[4] Bitner M. J., Zeithaml V. A., Gremler D. D. Technology's impact on the gaps model of service quality [C]. US: Springer, 2010. 197 – 218.

[5] Bitner M. J., Brown S. W., Meuter M. L. Technology infusion in service encounters [J]. Journal of the Academy of Marketing Science. 2000, 28 (1): 138 – 149.

[6] Hassan H. S., Shehab E., Peppard J. Recent advances in e – service in the public sector: State – of – the – art and future trends [J]. Business Process Management Journal. 2011, 11 (3): 526 – 545.

[7] 李雷,简兆权. 服务接触与服务质量:从物理服务到电子服务 [J]. 软科学. 2013 (12): 36 – 40.

[8] Howard M., Caldwell N., Roger S. L. M. Servitization and operations management: A service dominant – logic approach [J]. Inerna-

tional Journal of Operations & Production Manangement. 2014, 34 (2): 242 – 269.

[9] Pescher C, .Reichhart P., Spann M. Consumer decision – making processes in mobile viral marketing campaigns [J]. Journal of Interactive Marketing. 2014, 28 (1): 43 – 54.

[10] Yoo B., Donthu N. Developing a scale to measure the perceived quality of an internet shopping site [J]. Quarterly Journal of Electronic Commerce. 2001 (1): 31 – 47.

[11] Lengnick – Hall C. A. Customer contribution to quality: A different view of the customer – oriented firm [J]. Academy of Manangement Review. 1996, 21 (3): 791 – 824.

[12] Kelly S. W., Donnelly J. H., Skinner S. J. Customer participation in service production and delivery [J]. Journal of Retailing. 1990, 66 (3): 315 – 335.

[13] Prahalad C. K., Ramaswamy V. Co – creation experiences: The next practice in value creation [J]. Journal of Interactive Marketing. 2004, 18 (3): 5 – 14.

[14] Vargo S. L., Lusch R. F. From repeat patronage to value co – creation in service ecosystems: A transcending conceptualization of relationship [J]. Journal of Business Market Management. 2010, 4 (4): 169 – 179.

[15] Ramani G., Kumar V. Interaction orientation and firm performance [J]. Journal of Marketing. 2008, 72 (1): 27 – 45.

[16] Barras R. Interactive innovation in financial and business services: The vanguard of the service rebolution [J]. Research Policy. 1990, 19 (3): 215 – 237.

[17] Easingwood C. J. New product development for service companies [J]. Journal of Product Innovation Management. 1986, 3 (4): 264 – 275.

[18] Pavitt K. Sectoral patterns of technical change: Towardsa taxon-

omy and a theory [J]. Research Ploicy. 1984, 13 (3): 343 – 373.

[19] Axel J., Chris S. New service development: A review of the literature and annotated bibliography [J]. European Journal of Marketing. 1998, 32 (3/4): 184 – 251.

[20] Papastathopoulou P., Hultink E. J. New service development: An analysis of 27 years of research [J]. Journal of Product Innovation Management. 2012, 29 (5): 705 – 714.

[21] Tether B. Do service innovate differently? Insight from the European innobarometer servey [J]. Industry and Innovation. 2005, 12 (2): 201 – 212.

[22] Vargo S. L., Lusch R. F. Evolving to a new dominant logic for marketing [J]. Journal of Marketing. 2004, 68 (1): 1 – 17.

[23] Fitzaimmons J., Anderson E., Morrice D., et al. Mananging service supply relationships [J]. International Journal of Services Technology and Manangement. 2004, 5 (3): 221 – 232.

[24] Edvardsson B., Kristensson P., Magnusson P., et al. Customer integration within service development—A review of methods and an analysis of insitu and exsitu contributions [J]. Technovation. 2012, 32 (7 – 8): 419 – 429.

[25] Vargo S. L., Maglio P. P., Akaka M. A. On value and value co – creation: A service systems and service logic perspective [J]. European Manangement Journal. 2008, 26 (3): 145 – 152.

[26] 李雷，简兆权，张鲁艳. 服务主导逻辑产生原因、核心观点探析与未来研究展望 [J]. 外国经济与管理. 2013 (04): 2 – 12.

[27] 张童. 顾客参与服务创新及其与企业互动程度研究综述 [J]. 辽宁大学学报：哲学社会科学版. 2013, 41 (4): 77 – 81.

[28] 王琳，魏江，周丹. 顾企交互对KIBS企业服务创新绩效的作用机制研究 [J]. 研究与发展管理. 2015 (03): 126 – 136.

[29] 张红琪,鲁若愚.多主体参与的服务创新影响机制实证研究[J].科研管理.2014,35(4):103-110.

[30] 陈坤成,王哲夫.服务创新、服务质量与顾客满意度关联性之研究[J].科技管理研究.2010(S1):249-256.

[31] 周冬梅,鲁若愚.服务创新中顾客参与的研究探讨:基本问题、研究内容、研究整合[J].电子科技大学学报(社科版).2009(03):26-31.

[32] See-To Eric W. K., Ho Kevin K. W. Value co-creation and purchase intention in social network sites: The role of electronic word-of-mouth and trust-a theoretical analysis [J]. Computers in Human Behavior. 2014, 31: 182-189.

[33] 韩飞,许政.互动导向、创新意愿与创新能力[J].税务与经济.2012(03):6-10.

[34] 吴兆春,于洪彦,田阳.互动导向、创新方式与公司绩效——基于珠三角的实证研究[J].中国科技论坛.2013(6):39-44.

[35] 陈昊雯,李垣,刘衡.互动导向与基于顾客的创新绩效间的关系研究[J].经济体制改革.2011(2):112-116.

[36] Zahra S. A., George G. Absorptive capacity: A review, reconceptualization, and extension [J]. Academy of Management Review. 2002, 27(2): 185-203.

[37] 田宇,杨艳玲.互动导向、新服务开发与服务创新绩效之实证研究[J].中山大学学报(社会科学版).2014(06):202-208.

[38] Luo N., Zhang M., Liu W. The effects of value co-creation practices on building harmonious brand community and achieving brand loyalty on social media in China [J]. Computers in Human Behavior. 2015, 48: 492-499.

[39] Grönroos C. Service logic revisited: Who creates value? And who co-creates? [J]. European Business Review. 2008, 20(4): 298-

314.

[40] Sheth J. N. , Sjsodia R. S. , Sharma A. The antecedents and consequences of customer – centric marketing [J]. Journal of the Academy of Marketing Science. 2000, 28 (1): 55 – 66.

[41] Prahalad C. K. , Ramaswamy V. Co – creation experiences: The next practice in value creation [J]. Journal of Interactive Marketing. 2004, 18 (3): 5 – 14.

[42] Heinonen K. , Strandvik T. , Mickelsson K. A customer – dominant logic of service [J]. Journal of Service Manangement. 2010, 21 (4): 531 – 548.

[43] 武文珍, 陈启杰. 价值共创理论形成路径探析与未来研究展望 [J]. 外国经济与管理. 2012, 34 (6): 66 – 73.

[44] Cook S. The contribution revolution [J]. Harvard Business Review. 2008, 86 (10): 60 – 69.

[45] Viljakainen A. , Toivonen M. The futures of magazine publishing: Servitization and co – creation of customer value [J]. Futures. 2014, 64: 19 – 28.

[46] Lusch R. F. , Vargo S. Service – dominant logic: Continuing the evolution [J]. Journal of the Academy of Marketing Science. 2008, 6 (1): 1 – 10.

[47] Ramirez R. Value co – production: Intellectual origins and implications for practice and research [J]. Strategic Manangement Journal. 1999, 20 (1): 49 – 65.

[48] Kristina H. , Tore S. , Heinonen K. , Jacob M. K. , et al. A customer – dominant logic of service [J]. Journal of Service Management. 2010, 21 (4): 531 – 548.

[49] Van Doorm J. , Lemon K. N. , Mittal V. , et al. Customer engagement behavior: Theoretical foundations and research directions [J].

Journal of Service Research. 2010, 13 (3): 253 - 266.

[50] Navarro S., Andreu L., Cervera A. Value co - creation among hotels and disabled customers: An exploratory study [J]. Journal of Business Research. 2014, 67 (5): 813 - 818.

[51] Prahalad C. K., Ramaswamy V. Co - opting customer competence [Z]. Harvard Business Review, 2000: 78, 79.

[52] Payne A. F. Mnanging the co - creation of value [J]. Journal of the Academy Marketing Science. 2008, 36 (1): 83 - 96.

[53] See - To Eric W. K., Ho Kevin K. W. Value co - creation and purchase intention in social network sites: The role of electronic word - of - mouth and trust - a theoretical analysis [J]. Computers in Human Behavior. 2014, 31: 182 - 189.

[54] Redlich T., Krenz P., Basmer S., et al. The impact of openness on value co - creation in production networks [J]. Procedia CIRP. 2014, 16: 44 - 49.

[55] 吴军, 夏建中. 国外社会资本理论: 历史脉络与前沿动态 [J]. 学术界. 2012 (08): 67 - 76.

[56] Gabbay S. M., Zuckerman E. W. Social capital and opportunity in corporate R&D: The contingent effect of contact density on mobility expectations [J]. Social Science Research. 1998 (27): 189 - 217.

[57] 周小虎. 企业理论的社会资本逻辑 [J]. 中国工业经济. 2005 (3): 84 - 91.

[58] Nahapiet J., Ghoshal S. Social capital, intellectual capital, and the organizational advantage [J]. Academy of Mnangement Review. 1998, 22 (2): 242 - 266.

[59] 罗伯特·普特南. 使民主运转起来 [M]. 江西: 江西人民出版社, 2001.

[60] 林南. 社会资本——关于社会结构与行动的理论 [M]. 上

海：上海出版社, 2005.

[61] Portes A., Sensenbrenner J. Embeddedness and immigration: Notes on the social determinants of economic action [J]. American Journal of Sociology. 1993, 98: 1320 - 1350.

[62] 边燕杰, 丘海雄. 企业的社会资本及其功效 [J]. 中国社会科学. 2000 (02): 87 - 99.

[63] 科尔曼. 社会理论的基础 [M]. 北京: 社会科学文献出版社, 1999.

[64] Burt R. S. Structural Holes: The Social strcture of competition [M]. Cambridge: Harvard University Press, 1992.

[65] Chung S., Singh H., Lee K. Complementarity, status similarity and social capital as drivers of alliance formation [J]. Strategic Management Journal. 2000 (21): 1 - 22.

[66] Koka B. R., Prescott J. E. Strategic alliance as social capital: A multidimensional view [J]. Strategic Manangement Journal. 2002 (23): 795 - 816.

[67] 李敏. 企业社会资本与企业组织变革 [J]. 商业研究. 2005 (21): 13 - 16.

[68] Zaheer A., Mcevily B., Perrone V. Does trust matter? Explaining the effects of inter - organizational and interpersonal trust on performance [J]. Organization Science. 1998 (9): 156 - 167.

[69] Gulati R., Nohria N., Zaheer A. Strategic networks [J]. Srategic Manangement Journal. 2000 (21): 203 - 215.

[70] Gilliland D. I., Bello D. C. Two sides to attitudinal commitment: The effect of calculative and loyalty commitment on enforcement mechanisms in distribution channels [J]. Journal of the Scademy of Marketing Scence. 2002, 30 (1): 24 - 43.

[71] Wu X., Wei Y. The ananlysis on competitive advantage of

firms in the context of synergic development: Based on the perspective of social capital [C]. 2004.

[72] Greve A., Salaff J. W. The development of corporate social capital in complex innovation processes [J]. Social Capital of Organizations. 2001 (18): 107 – 134.

[73] 张方华. 知识型企业的社会资本与技术创新绩效研究 [D]. 浙江大学, 2004.

[74] 李红艳, 储雪林, 常宝. 社会资本与技术创新的扩散 [J]. 科学学研究. 2004 (03): 333 – 336.

[75] Teilmann K. Measuring social capital accumulation in rural development [J]. Journal of Rural Studies. 2012, 28 (4): 458 – 465.

[76] Chung N., Nam K., Koo C. Examining information sharing in social networking communities: Applying theories of social capital and attachment [J]. Telematics and Informatics. 2016, 33 (1): 77 – 91.

[77] Li N., Guo X., Chen G., et al. Reading behavior on intra – organizational blogging systems: A group – level analysis through the lens of social capital theory [J]. Information & Management. 2015.

[78] Hsiao C., Chiou J. The effect of social capital on community loyalty in a virtual community: Test of a tripartite – process model [J]. Decision Support Systems. 2012, 54 (1): 750 – 757.

[79] 秦静, 魏新颖. 社会资本理论研究的发展趋势 [J]. 经济研究导刊. 2008 (14): 29 – 32.

[80] Eklinder – Frick J., Eriksson L. T., Hallén L. Effects of social capital on processes in a regional strategic network [J]. Industrial Marketing Management. 2012, 41 (5): 800 – 806.

[81] 杨伯坚. 社会资本理论研究的演进评述 [J]. 河南师范大学学报 (哲学社会科学版). 2012 (04): 67 – 69.

[82] Tindall D. B., Cormier J., Diani M. Network social capital as

an outcome of social movement mobilization: Using the position generator as an indicator of social network diversity [J]. Social Networks. 2012, 34 (4): 387 - 395.

[83] Prahalad C. K., Hamel G. The core competence of the corporation [J]. Harvard Business Review. 1990, 90 (3): 71 - 91.

[84] Eriksson T. Processes, antecedents and outcomes of dynamic capabilities [J]. Scandinavian Journal of Management. 2014, 30 (1): 65 - 82.

[85] Teece D. J., Pisano G. The dynamic capabilities of firms: An introduction [J]. Industrial and Corporate Change. 1994, 3 (3): 538 - 556.

[86] Eisenhardt K. M., Martin M. Dynamic capabilities: What are they? [J]. Strategic Management Journal. 2000, 21 (10): 1105 - 1121.

[87] 苏云霞, 孙明贵. 国外动态能力理论研究梳理及展望 [J]. 经济问题探索. 2012 (10): 172 - 180.

[88] Barreto I. Dynamic capabilities: A review of past research and an agenda for the future [J]. Journal of Management. 2010, 36 (1): 256 - 280.

[89] Pan G., Pan S., Lim C. Examining how firms leverage IT to achieve firm productivity: RBV and dynamic capabilities perspectives [J]. Information & Management. 2015, 52 (4): 401 - 412.

[90] Villar C., Alegre J., Pla - Barber J. Exploring the role of knowledge management practices on exports: A dynamic capabilities view [J]. International Business Review. 2014, 23 (1): 38 - 44.

[91] 熊胜绪. 动态能力理论的战略管理思想及其理论基础探析 [J]. 企业经济. 2011 (06): 5 - 9.

[92] Ji G. P. Research on the intrinsic relationship of customer value and corporate core competence [J]. Physics Procedia. 2012, 33: 1894 - 1898.

[93] 魏江, 焦豪. 创业导向、组织学习与动态能力关系研究 [J]. 外国经济与管理. 2008 (02): 36 - 41.

[94] Bowman C., Ambrosini V. How the resource – based and the dynamic capability views of the firm inform corporate – level strategy [J]. British Journal of Management. 2003, 14 (4): 289 – 303.

[95] King A. A, Tucci C. L. Incumbent entry into new market niches: The role of experience and managerial choice in the creation of dymanic capabilities [J]. Management Science. 2002, 48 (2): 171 – 186.

[96] Repenning N. P., Steman J. D. Capability traps and selfconfirming attribution errors in the dynamics of process improvement [J]. Adimistrative Science Quarterly. 2002, 47 (2): 265 – 295.

[97] 刘帮成, 王重鸣. 技术能力如何转化为竞争优势: 组织动态能力观点 [J]. 管理工程学报. 2007 (01): 20 – 24.

[98] Teece D. J. Explicating dynamic capabilities: The nature and microfoundations of enterprise performance [J]. Srtategic Management Journal. 2007, 28 (13): 1319 – 1350.

[99] Lin Y., Wu L. Exploring the role of dynamic capabilities in firm performance under the resource – based view framework [J]. Journal of Business Research. 2014, 67 (3): 407 – 413.

[100] Zollo M., Winter S. G. Deliberate learning and the evolution of dynamic capabilities [J]. Organization Science. 2002, 13 (3): 339 – 351.

[101] Zahra S. A., Sapienza H. J., Davidsson P. Entrepreneurship and dynamic capabilities: A review, model and research agenda [J]. Journal of Manangement Studies. 2006, 43 (4): 917 – 955.

[102] Fitzsimmons J. A., Fitzsimmons M. J. Service management for competitive advantage [M]. McGraw – Hill College, 1994: 462.

[103] Tidd J., Hull F. Service innovation: Organizational responses to technological opportunities and market imperatives [M]. London: Imperial College Press, 2003.

[104] 许庆瑞, 吕飞. 服务创新初探 [J]. 科学学与科学技术管

理. 2003（3）：34 – 37.

[105] Berry L. L., Shankar V., Parish J. T. Creating new markets through service innovation [J]. Sloan Manangement Review. 2006, 47（2）：56 – 63.

[106] 蔺雷, 吴贵生. 服务创新 [M]. 第二版. 北京: 清华大学出版社, 2007.

[107] Blazevic V., Lievens A. Managing innovation through customer coproduced knowledge in electronic services: An exploratory study [J]. Journal of the Academy of Marketing Science. 2008, 36（1）：138 – 151.

[108] Eisingerich A. B. Mananging service innovation and interorganizational relationships from performance: To commit or diversity? [J]. Journal of Service Research. 2009, 11（4）：344 – 356.

[109] 李雷, 赵先德, 杨怀珍. 国外新服务开发研究现状述评与趋势展望 [J]. 外国经济与管理. 2012（01）：36 – 45.

[110] Heany D. F. Degrees of Product Innovation [J]. Journal of Business Strategy. 1993, 3（4）：3 – 14.

[111] Miles I., Kasrtinos N., Flanagan K., et al. Knowlege – intensive business services: users, carriers and sources of innovation [M]. EIMS Publication: Luxembourg, European Innovation Monitoring System, 1995：15.

[112] Drejer I. Identifying innovation in surveys of services: A Schumpeterian perspective [J]. Research Policy. 2004, 33（3）：551 – 562.

[113] Hipp C., Thither B. S., Miles I. The incidence and effects of innovation in services: Evidence from Germany [J]. International Journal of Innovation Management. 2000, 4（4）：417 – 453.

[114] Hipp C., Grupp H. Innovation in the service sector: The demand for service – specific innovation measurement concepts and typologies

[J]. Research Policy. 2005, 34 (4): 517 – 535.

[115] 张宇, 蔺雷, 吴贵生. 企业服务创新类型探析 [J]. 科技管理研究. 2005 (09): 134 – 137.

[116] Firat A. F., Dholakia N., Venkatesh A. Marketing in a postmodern world [J]. European Journal of Marketing. 1995, 29 (1): 40 – 56.

[117] 范秀成, 王静. 顾客参与服务创新的激励问题——理论、实践启示及案例分析 [J]. 中国流通经济. 2014 (10): 79 – 86.

[118] Chen S. C., Raab C., Tanford S. Antecedents of mandatory customer participation in service encounters: An empirical study [J]. International Journal of Hospitality Management. 2015, 46: 65 – 75.

[119] Hsieh A., Yen C., Chin K. Participative customers as partial employees and service provider workload [J]. International Journal of Service Industry Management. 2004, 15 (2): 187 – 199.

[120] Holbrook M. Consumption experience, customer value, and subjective personal introspection: An illustrative photographic essay [J]. Journal of Business Research. 2006, 59 (6): 714 – 725.

[121] Bettencourt L. A. Customer voluntary performance: Customer as partners in service delivery [J]. Journal of Retailing. 1997, 73 (3): 383 – 406.

[122] Narasimhan R., Kim S. W. Effect of supply chain integration on the relationship between diversification and performance: Evidence from Japanese and Korean firms [J]. Journal of Operations Management. 2002, 20 (3): 303 – 323.

[123] Magnusson P. D., Matthing J., Kristensson P. Managing user involvement in service innovation [J]. Journal of Service Research. 2003, 111 – 124 (6).

[124] Abramovic M., Laurence B. How to take customers into consideration in service innovation projects [J]. The Service Industries Jour-

nal. 2004, 24 (1): 56 - 78.

[125] Alam I. Removing the fuzziness from the fuzzy front - end of service innovations through customer interactions [J]. Industrial Marketing Manangement. 2006, 35 (4): 468 - 480.

[126] Claycomb C., Lengnick - Hall C., Inks L. The customer as a productive resource: A pilot study and strategic implications [J]. Journal of Business Strategies. 2001, 18 (1): 47 - 68.

[127] Lloyd A. E. The role of culture on customer participation in service [D]. Hong Kong: Hong Kong Polytechnic University, 2003.

[128] Silpakit P., Fisk R. P. Participating in service encounter [M]. Service marketing environment American marketing proceedings series, Bloch T M, Upah G D, Zeithaml V A, Chicago: American Marketing Association, 1985, 117 - 121.

[129] Kellogg D. L., Youngdahl W. E., Bowen D. E. On the relationship between customer participation and satisfaction: Two frameworks [J]. International Journal of Service Industry Management. 1997, 8 (3): 206 - 219.

[130] Ennew C. T., Binks M. R. Impact of participative service relationships on quality, satisfaction and retention: An exploratory study [J]. Journal of Business Research. 1999, 46 (2): 121 - 132.

[131] Nambisan S. Designing virtual customer environments for new product development: Toward a theory [J]. Academy of Management Review. 2002, 27 (3): 392 - 413.

[132] Fang E. Customer participation and the trade - off between new product innovativeness and speed to market [J]. Journal of Marketing. 2008, 72 (4): 90 - 104.

[133] Yi Y., Gong T. Customer value co - creation behavior: Scale development and validation [J]. Journal of Business Research. 2013, 66

(9): 1279-1284.

[134] 张祥, 陈荣秋. 顾客参与链: 让顾客与企业共同创造竞争优势 [J]. 管理评论. 2006 (01): 51-56.

[135] 卢俊义, 王永贵. 顾客参与服务创新、顾客人力资本与知识转移的关系研究 [J]. 商业经济与管理. 2010 (03): 80-87.

[136] William H., Luo C. NPD project timeliness: The project-level impact of early engineering effort and customer involvement [J]. International Journal of Product Development. 2008, 6 (2): 15-34.

[137] Magnusson P. R., Matthing J., Kristensson P. Managing user involvement in service innovation [J]. Journal of Service Research. 2003, 111-124 (6).

[138] Matthing J., Sanden B., Dvardsson B. New service development: Learning from and with customers [J]. International Journal of Service Industry Management. 2004, 15 (5): 479-498.

[139] Gruner K. E., Homburg C. Does customer interaction enhance new product success [J]. Journal of Business Research. 2000, 49 (1): 1-14.

[140] Christopher L. User involvement competence forfadical innovation [J]. Journal of Engineering and Technology Management. 2007, 24 (1): 53-70.

[141] 卢俊义, 王永贵. 顾客参与服务创新与创新绩效的关系研究——基于顾客知识转移视角的理论综述与模型构建 [J]. 管理学报. 2011, 8 (10): 1566-1574.

[142] 陈璟菁. 顾客参与影响新服务开发绩效的实证分析 [J]. 江苏商论. 2012 (8): 32-34.

[143] Agarwal S., Erramilli M. K., Dev C. S. Market orientation and performance in service firms: Role of innovation [J]. Journal of services marketing. 2003, 17 (1): 68-82.

[144] 肖志雄. 知识吸收能力对服务创新绩效影响的实证研究——来自服务外包企业的经验证据 [J]. 浙江工商大学学报. 2013 (6): 73-80.

[145] Hsueh J. T., Lin N. P., Li H. C. The effects of network embeddedness on service innovation performance [J]. Service Industries Journal. 2010, 30 (10): 1723-1736.

[146] Kaplan R., Norton D. The balance scorecard: Measure that drive performance [J]. Harvard Business Review. 1992 (1-2): 71-79.

[147] Cooper R. G., Kleinschmidt E. J. What makes a new product a winner: Success factor at the project level [J]. R & D Management. 1987 (17): 175-190.

[148] Bilderbeek R., Hertog P. Conceptualizing (service) innovation and the knowledge flow between KIBS and their client [R]. The Results of SI4S Topic Paper 11, 1998.

[149] Storey C., Kelly D. Measuring the performance of new service development activities [J]. Journal of Service Industries. 2001, 21 (2): 71-90.

[150] Miles L. Patterns of innovation in service industries [J]. IBM Systems Journal. 2008, 47 (1): 115-128.

[151] Thakur R., Hale D. Service innovation: A comparative study of US and Indian service firms [J]. Journal of Business Research. 2012.

[152] 舒伯阳. 基于 BSC 的服务创新成长绩效评估 [J]. 中南财经政法大学学报. 2005 (06): 46-50.

[153] Jiménez-Zarco A. I., González-González I., Martínez-Ruíz M. P., et al. New service innovation success: Analyzing the influence of performance indicator nature [J]. Computers in Human Behavior. 2015, 51: 1024-1031.

[154] Wu J., Huang L., Zhao J. L., et al. The deeper, the bet-

ter? Effect of online brand community activity on customer purchase frequency [J]. Information & Management. 2015, 52 (7): 813 – 823.

[155] Etemad – Sajadi R., Ghachem L. The impact of hedonic and utilitarian value of online avatars on e – service quality [J]. Computers in Human Behavior. 2015, 52: 81 – 86.

[156] Menor L. J., Tatikonda M. V., Sampson S. E. New service development: Areas for exploitation and exploration [J]. Journal of Operatios Manangement. 2002, 20 (2): 135 – 157.

[157] Chuang S., Lin H. Co – creating e – service innovations: Theory, practice, and impact on firm performance [J]. International Journal of Information Management. 2015, 35 (3): 277 – 291.

[158] Gelderman C. J., Semeijn J., Bruijn A. Dynamics of service definitions—An explorative case study of the purchasing process of professional ICT – services [J]. Journal of Purchasing and Supply Management. 2015, 21 (3): 220 – 227.

[159] 李光明, 钱明辉, 苟彦忠. 基于互动导向的体验营销策略研究 [J]. 经济体制改革. 2010 (01): 69 – 74.

[160] Liang R., Zhang J. The effect of service interaction orientation on customer satisfaction and behavioral intention: The moderating effect of dining frequency [J]. Procedia – Social and Behavioral Sciences. 2011, 24 (1): 153 – 170.

[161] 刘艳彬, 袁平. 互动导向与企业绩效关系的实证研究 [J]. 科研管理. 2012 (08): 25 – 34.

[162] 吴兆春, 于洪彦. 互动导向、顾客关系与公司绩效——兼论市场环境因素的调节作用 [J]. 广东商学院学报. 2013, 28 (4): 67 – 72.

[163] 杜运周, 张玉利. 互动导向与新企业成长关系: 不良竞争与政治网络相伴作用下的权变效应 [Z]. 中国四川成都: 20111.

[164] 杜运周,张玉利.互动导向与新企业绩效:组织合法性中介作用[J].管理科学.2012,25(4):22-30.

[165] 杨艳玲,田宇.基于互动导向的主动改善对服务创新绩效的影响研究[J].管理学报.2015,12(09):1385-1393.

[166] 杨国亮,卫海英.家长式领导对企业互动导向及创新绩效的影响[J].软科学.2014(09):50-53.

[167] 卫海英,杨国亮.企业互动导向下的品牌危机预防模式研究[J].商业经济与管理.2012(12):42-51.

[168] 杨国亮.企业互动导向对品牌信任的影响分析[D].暨南大学,2011.

[169] Jaworski B. J., Kohli A. K. Market Orientation: Antecedents and consequences [J]. Journal of Marketing. 1993, 57 (3): 53-70.

[170] 卫海英,骆紫薇.中国的服务企业如何与顾客建立长期关系?——企业互动导向、变革型领导和员工互动响应对中国式顾客关系的双驱动模型[J].管理世界.2014(01):105-119.

[171] 王天力,张秀娥.吸收能力构念解析与理解误区解读[J].外国经济与管理.2013(02):2-11.

[172] 阎海峰,程鹏.吸收能力研究评述[J].管理评论.2009(08):95-103.

[173] 王雎.吸收能力的研究现状与重新定位[J].外国经济与管理.2007,29(7):1-8.

[174] Lewin A. Y., Massini S., Peeters C. Microfoundations of internal and external absorptive capacity routines [J]. Organization science. 2011, 22 (1): 81-98.

[175] Cohen W. M., Levinthal D. A. Absorptive capacity: A new perspective on learning and innovation [J]. Administrative Science Quarterly. 1990, 35 (1): 128-152.

[176] Mowery D. C., Oxley J. E. Inward technology transfer and

competitibeness: The role of national innovation systems [J]. Cambridge Journal of Economics. 1995 (19): 67 – 93.

[177] Kim I. The dynamics of samsung's technological learning in semi-conductors [J]. Califonia Management Review. 1997, 39 (3): 86 – 100.

[178] Van D., Bosch F. A. J., Volberda H. W., Michiel D. B. Coevolution of firm absorptive capacity and knowledge environment [J]. Organization Science. 1999, 10 (5): 551 – 568.

[179] Lane P. J., Koka B., Pathak S. The reification of absorptive capacity: A critical review and rejuvenation of the construct [J]. Academy of Manangement Review. 2006 (31): 833 – 863.

[180] Flatten T. C., Engelen A., Zahra S. A., et al. A measure of absorptive capacity: Scale development and validation [J]. European Management Journal. 2011, 29 (2): 98 – 116.

[181] 张洁, 戚安邦, 熊琴琴. 吸收能力形成的前因变量及其对企业创新绩效的影响分析——吸收能力作为中介变量的实证研究 [J]. 科学学与科学技术管理. 2012 (05): 29 – 37.

[182] 刘常勇, 谢洪明. 企业知识吸收能力的主要影响因素 [J]. 科学学研究. 2003, 21 (3): 307 – 310.

[183] 崔志, 于渤, 崔崑. 企业知识吸收能力影响因素的实证研究 [J]. 哈尔滨工业大学学报（社会科学版）. 2008 (01): 127 – 132.

[184] 马国勇, 田国双, 石春生. 高新技术企业吸收能力影响因素研究——基于 PLS – SEM 算法的实证研究 [J]. 预测. 2014 (04): 28 – 34.

[185] Chen Y., Lin M. J., Chang C. The positive effects of relationship learning and absorptive capacity on innovation performance and competitive advantage in industrial markets [J]. Industrial Marketing Management. 2009, 38 (2): 152 – 158.

[186] Murovec N., Prodan I. Absorptive capacity, its determi-

nants, and influence on innovation output: Cross – cultural validation of the structural model [J]. Technovation. 2009, 29 (12): 859 – 872.

[187] Mariano M., Pilar Q. Absorptive capacity, technological opportunity, knowledge spillovers, and innovative effort [J]. Technovation. 2005, 25 (10): 1141 – 1157.

[188] Kostopoulos K., Papalexandris A., Papachroni M., et al. Absorptive capacity, innovation, and financial performance [J]. Journal of Business Research. 2011, 64 (12): 1335 – 1343.

[189] 李贞, 杨洪涛. 吸收能力、关系学习及知识整合对企业创新绩效的影响研究 – 来自科技型中小企业的实证研究 [J]. 科研管理. 2012, 33 (1): 79 – 89.

[190] 简兆权, 吴隆增, 黄静. 吸收能力、知识整合对组织创新和组织绩效的影响研究 [J]. 科研管理. 2008 (01): 80 – 86.

[191] Wenpin T. Transfer in intraorganizational networks: Effects of network position and absorptive capacity on business unit innovation and performance [J]. Academy of Management Journal. 2001, 44 (5): 996 – 1004.

[192] Wang C. F., Han Y. Linking properties of knowledge with innovation performance: The moderate role of absorptive capacity [J]. Journal of Knowledge Management. 2011, 15 (5): 802 – 819.

[193] 戴勇, 朱桂龙. 以吸收能力为调节变量的社会资本与创新绩效研究——基于广东企业的实证分析 [J]. 软科学. 2011, 25 (1): 80 – 84.

[194] 解学梅, 左蕾蕾. 企业协同创新网络特征与创新绩效: 基于知识吸收能力的中介效应研究 [J]. 南开管理评论. 2013 (03): 47 – 56.

[195] Bertrand O., Mol M. J. The antecedents and innovation effects of domestic and offshore R&D outsourcing: The contingent impact of cognitive distance and absorptive capacity [J]. Strategic Management Jour-

nal. 2013, 34 (6): 751 - 760.

[196] Sciascia S., D. Oria L., Bruni M., et al. Entrepreneurial Orientation in low - and medium - tech industries: The need for absorptive capacity to increase performance [J]. European Management Journal. 2014, 32 (5): 761 - 769.

[197] Stock G. N., Greis N. P., Fischer W. A. Absorptive capacity and new product development [J]. Journal of High Technology Management Research. 2001, 12 (1): 77 - 91.

[198] 苏中锋, 李嘉. 吸收能力对产品创新性的影响研究 [J]. 科研管理. 2014 (05): 62 - 69.

[199] Lane P. J., Salk J. E., Lyles M. A. Absorptive capacity, learning, and performance in international joint ventures [J]. Strategic Management Journal. 2001, 22 (12): 1139 - 1161.

[200] Fosfuri A., Tribo J. Exploring the antecedents of potential absorptive capacity and its impact on innovation performance [J]. Omega. 2008, 36 (2): 173 - 187.

[201] Souza D. E., Kulkarni S. S. A framework and model for absorptive capacity in a dynamic multi - firm environment [J]. International Journal of Production Economics. 2015, 167: 50 - 62.

[202] Tzokas N., Kim Y. A., Akbar H., et al. Absorptive capacity and performance: The role of customer relationship and technological capabilities in high - tech SMEs [J]. Industrial Marketing Management. 2015, 47: 134 - 142.

[203] Deepen J. M., Goldsby T. J., Knemeyer A. M., et al. Beyond expectations: An examination of logistics outsourcing goal achievement and goal exceedance [J]. Journal of Business Logistics. 2008, 29 (2): 75 - 105.

[204] Liao S. H., Fei W. C., Chen C. C. Knowledge sharing, ab-

sorptive capacity, and innovation capability: An empirical study of Taiwan's knowledge – intensive industries [J]. Journal of Information Science. 2007, 33 (3): 340 – 359.

[205] Expósito – Langa M., Molina – Morales F. X., Tomás – Miquel J. How shared vision moderates the effects of absorptive capacity and networking on clustered firms' innovation [J]. Scandinavian Journal of Management. 2015, 31 (3): 293 – 302.

[206] Wallenburg C. M., Lukassen P. Proactive improvement of logistics service providers as driver of customer loyalty [J]. European Journal of Marketing. 2011, 45 (3): 438 – 454.

[207] Wallenburg C. M. Innovation in logistics outsourcing relationships: Proactive improvement by logistics service providers as a driver of customer loyalty [J]. Journal of Supply Chain Management. 2009, 45 (2): 75 – 93.

[208] Flint D. J., Larsson E., Gammelgaard B., et al. Logistics innovation a customer value – oriented social process [J]. Journal of Business Logistics. 2005, 26 (1): 113 – 147.

[209] Krizman A. Involvement, knowledge sharing and proactive improvement as antecedents of logistics outsourcing performance [J]. Economic and Business Review. 2009, 11 (3): 233 – 256.

[210] Woodruff R. B. Customer value: The next source for competitive advantage [J]. Journal of the Academy of Marketing Science. 1997, 25 (2): 139 – 153.

[211] Mcnerlly K. M., Barr T. F. I Love my accountants – they're wonderful: Understanding customer delight in the professional services arena [J]. Journal of Service Marketing. 2006, 20 (3): 152 – 159.

[212] Wagner S. M. Innovation management in the german transportation industry [J]. Journal of Business Logistics. 2008, 29 (2): 215 – 231.

[213] Alam I. Removing the fuzziness from the fuzzy front – end of service innovations through customer interactions [J]. Industrial Marketing Management. 2006, 35 (4): 468 – 480.

[214] 杨艳玲, 田宇. 互动导向对新服务开发的影响研究——吸收能力和主动改善的中介作用 [J]. 软科学. 2015, 29 (10): 101 – 105.

[215] Ordanini A., Pasini P. Service co – production and value co – creation: The case for a service – oriented architecture (SOA) [J]. European Management Journal. 2008, 26 (5): 289 – 297.

[216] Carbonell P., Rodríguez – Escudero A. I., Pujari D. Customer involvement in new service development: An examination of antecedents and outcomes [J]. Journal of Product Innovation Management. 2009, 26 (5): 536 – 550.

[217] Roberts N. Absorptive capacity, organizational antecedents, and environmental dynamism [J]. Journal of Business Research. 2015, 68 (11): 2426 – 2433.

[218] Ordanini A., Maglio P. P. Market orientation, internal process, and external network: A qualitative comparative analysis of key decisional alternatives in the new service development [J]. Decision Sciences. 2009, 40 (3): 601 – 625.

[219] Huang K., Lin K., Wu L., et al. Absorptive capacity and autonomous R&D climate roles in firm innovation [J]. Journal of Business Research. 2015, 68 (1): 87 – 94.

[220] Ye J., Kankanhalli A. Exploring innovation through open networks: A review and initial research questions [J]. IIMB Management Review. 2013, 25 (2): 69 – 82.

[221] Lin C., Wu Y., Chang C., et al. The alliance innovation performance of R&D alliances—the absorptive capacity perspective [J]. Technovation. 2012, 32 (5): 282 – 292.

[222] Expósito‐Langa M., Molina‐Morales F. X., Capó‐Vicedo J. New product development and absorptive capacity in industrial districts: A multidimensional approach [J]. Regional Studies. 2011, 45 (3): 319-331.

[223] Chen Y., Lin M. J., Chang C. The positive effects of relationship learning and absorptive capacity on innovation performance and competitive advantage in industrial markets [J]. Industrial Marketing Management. 2009, 38 (2): 152-158.

[224] Zhang H., Lu Y., Wang B., et al. The impacts of technological environments and co‐creation experiences on customer participation [J]. Information & Management. 2015, 52 (4): 468-482.

[225] Fabrizio K. R. Absorptive capacity and the search for innovation [J]. Research Policy. 2009, 38 (2): 255-267.

[226] 庄贵军, 李苗, 沈璐, 等. 网络交互技术的采用及其对企业与顾客交互的影响——基于5家企业的案例分析 [J]. 财贸研究. 2013 (03): 1-11.

[227] Weerawardena J., Mavondo F. T. Capabilities, innovation and competitive advantage [J]. Industrial Marketing Management. 2011, 40 (8): 1220-1223.

[228] Wallenburg C. M., Knemeyer A. M., Goldsby T. J., et al. Developing a scale for proactive improvement within logistics outsourcing relationships [J]. International Journal of Logistics Management. 2010, 21 (1): 5-21.

[229] 翟庆华, 叶明海. 网络购物顾客忠诚度影响因素实证研究 [J]. 经济论坛. 2009 (18): 128-131.

[230] Ngo L. V., O'Cass A. Innovation and business success: The mediating role of customer participation [J]. Journal of Business Research. 2013, 66 (8): 1134-1142.

[231] 张倩. 体验式营销与顾问式营销契合点的价值探讨 [J]. 当代经济. 2014 (01): 50-51.

[232] Bettencourt L. A., Brown S. W. From goods to great: Service innovation in a product-dominant firm [J]. Business Horizons. 2013, 56 (3): 277-283.

[233] 宋晓兵,丛竹,董大海. 网络口碑对消费者产品态度的影响机理研究 [J]. 管理学报. 2011, 08 (4): 559-566.

[234] Weerawardena J., Mccoll-Kennedy J. R. New service development and competitive advantage: A conceptual model [J]. Australasian Marketing Journal (AMJ). 2002, 10 (1): 13-23.

[235] 王永贵. 市场营销辞典 [M]. 北京: 化学工业出版社, 2009.

[236] 王重鸣. 心理学研究方法 [M]. 北京: 人民教育出版社, 1990.

[237] Churchill G. A. A paradigm for development better measures of marketing construct [J]. Journal of Marketing Research. 1979, 16 (1): 64-73.

[238] Nunnally J. C., Bernstein I. H. Psychometric theory [M]. New York: McGraw-Hill, 1994.

[239] 李怀祖. 管理研究方法论 [M]. 西安: 西安交通大学出版社, 2004: 144-145.

[240] 荣泰生. SPSS 与研究方法 [M]. 台北: 五南图书出版公司, 2006.

[241] Podsakoff P. M., Mackenzie S. B., Lee J., et al. Common method biases in behavioral research: A critical review of the literature and recommended remedies [J]. Journal of Applied Psychology. 2003, 88 (5): 879-903.

[242] 刘军. 管理研究方法: 原理与应用 [M]. 北京: 中国人

民大学出版社, 2008: 191 - 212.

[243] Malhotra N. K., Kim S. S., Patil A. Common method variance in IS research: A comparison of alternative approaches and a reanalysis of past research [J]. Management Science. 2006, 52 (12): 1865 - 1883.

[244] Edwards J. R., Lambert L. S. Methods for integrating moderation and mediation: A general analytical framework using moderated path analysis [J]. Psychological Methods. 2007, 12 (1): 1 - 22.

[245] Williams L. J., Hartman N., Cavazotte F. Method variance and marker variables: A review and comprehensive cfa marker technique [J]. Organizational Research Methods. 2010, 13 (3): 477 - 514.

[246] Mackenzie S. B., Podsakoff P. M. Common method bias in marketing: Causes, mechanisms, and procedural remedies [J]. Journal of Retailing. 2012, 88 (4): 542 - 555.

[247] Biderman M. D., Nguyen N. T., Cunningham C. J. L., et al. The ubiquity of common method variance: The case of the big five [J]. Journal of Research in Personality. 2011, 45 (5): 417 - 429.

[248] 杜建政, 赵国祥, 刘金平. 测评中的共同方法偏差 [J]. 心理科学. 2005, 28 (2): 420 - 422.

[249] Podsakoff P. M., Mackenzie S. B., Lee J., et al. Common method biases in behavioral research: A critical review of the literature and recommended remedies [J]. Journal of Applied Psychology. 2003, 88 (5): 879 - 903.

[250] Lindell M. K., Whitney D. J. Acounting for common method variance in cross - sectional research designs [J]. Journal of Applied Psychology. 2001, 86 (1): 114 - 121.

[251] Voss C. R. J. Measurement of innovation and design performance in service [Z]. 199240 - 46.

[252] Kline R. B. Principles and practice of structural equation mod-

eling [M]. New York: Guilford Press, 1998: 46-48.

[253] 周浩, 龙立荣. 共同方法偏差的统计检验与控制方法 [J]. 心理科学进展. 2004, 12 (6): 942-950.

[254] 罗胜强, 姜嬿. 管理学问卷调查研究方法 [M]. 重庆大学出版社, 2014: 205-207.

[255] 成子娟侯杰泰温忠麟. 结构方程模型及其应用 [M]. 北京: 教育科学出版社, 2004: 88-90.

[256] Bagozzi R. P., Yi Y. On the evaluation of structural equation models [J]. Academic of Marketing Science. 1988, 16 (1): 74-94.

[257] Rucker D. D., Preacher K. J., Tormala Z. L., et al. Mediation analysis in social psychology: Current practices and new recommendations [J]. Social and Personality Psychology Compass. 2011, 5 (6): 359-371.

[258] 温忠麟, 叶宝娟. 中介效应分析: 方法和模型发展 [J]. 心理科学进展. 2014 (05): 731-745.

[259] 温忠麟, 张雷, 侯杰泰, 等. 中介效应检验程序及其应用 [J]. 心理学报. 2004, 36 (5): 614-620.

[260] Taylor A. B., Mackinnon D. P., Tein J. Y. Test of the three-path mediated effect [J]. Organizational Research Methods. 2008, 11 (2): 241-269.

[261] Preacher K. J., Hayes A. F. A symptotic and resampling strategies for a ssessing and comparing indirect effect in multiple mediator models [J]. Behavior Research Methods. 2008, 40 (3): 879-891.

[262] 柳士顺, 凌文辁. 多重中介模型及其应用 [J]. 心理科学. 2009, 32 (2): 433-435.

[263] 方杰, 温忠麟, 张敏强, 等. 基于结构方程模型的多重中介效应分析 [J]. 心理科学. 2014 (03): 735-741.

[264] Ahuja G. Collaboration networks, structural holes, and inno-

vation: A longitudinal study [J]. Administrative Science Quarterly. 2000, 45 (3): 425 -455.

[265] Narasimhan O., Rajiv S., Dutta S. Absorptive capacity in high - technology markets: The competitive advantage of the Haves [J]. Marketing Science. 2006, 25 (5): 510 -524.